桥之魅

如何欣赏一座桥

唐寰澄　著

唐寰澄·桥梁三部曲

北京出版集团
北京出版社

概述

从远古到近代存在各式各样的桥梁，这些桥梁，随着对它们功能上要求的不同，使用材料的差别，结构形式和施工技术的进步而表现为不同的形象。有些在设计时考虑了审美的要求，故极为动人；有些平淡无奇；有些甚至丑陋不堪。于是有人说，根据功能、材料、结构、技术的要求所得出的这些桥梁作品是实用的作品，但不一定是艺术作品；是形象而不是艺术形象。那么，其中哪些够得上称为艺术作品和艺术形象？又根据什么可以称之为艺术作品和艺术形象？这里便牵涉以下问题：什么是艺术？什么是建筑艺术？什么又是桥梁建筑艺术？

对于艺术的普遍问题，历来进行着立场针锋相对的斗争，题目牵涉面太广，不是作者能力所及。新中国成立之后我对建筑艺术的认识逐步深入，认为总的趋向似应是努力创造统一的、我们这个时代的、具有民族特点的建筑风格。桥梁建筑艺术，虽然不过是建筑艺术的一个分支，也同样要反映这个风格。桥梁的美或不美，不足以影响其使用价值，桥梁建筑艺术却反映着这一时代的思想、技术和艺术的水平。

桥梁是实用建筑物，但只是实用并不一定是美的。实用艺术是对人类所生活的物质环境进行艺术加工。由谁来进行加工？是由自始至终参加建设、熟悉桥梁本身的结构工程师，还是确定了桥梁轮廓之后，由建筑师进行加工？这也是个一直争论不休的问题。

从来技术和艺术是不分家的。在古希腊语中，没有艺术这个单词，只有技艺一词，既指艺术，又指工艺。我国隋代的赵州桥的建设者，既建造了拥有如此卓越的技术和艺术造型的桥梁（赵州桥），又雕刻出极为生动的栏板形象（*图 1*）。国外也是如此，15世纪法国的勃罗纳莱希是建筑师、雕刻家和工程师。十七八世纪时，科学家和艺术家往往是集中在一身的，如达·芬奇便是一个例子。

18 世纪开始，工程师变为一个特殊的专门职业。自然科学的快速发展促使大量特殊化的分工，逐渐建立起来的这门科学内容非常丰富与复杂，因之工程师就忽略了建筑艺术的研究。

19 世纪初期，在西方创立了建筑艺术学校。这样的分工方法，逐渐使艺术和一般生产实践相隔离。在 19 世纪的前 10 年中便已经提出了建筑师和工程师的关系问题。从那个时候开始，由于科学技术的发

1 隋李春赵州桥艺术·隋代中心龙头栏板

展，建筑师和工程师在创作问题上发生了矛盾。

这里包含着两个问题：

首先，19 世纪正是唯心主义的美学观点占优势的时候，也是科学技术开始新的突破的时候。作为实用艺术的物质基础与其所表现的形象正在日新月异。必须要冲破唯心主义的美学观点，走出象牙塔，艺术才有前途；凭个人的个性和观念，创造不出新的艺术形象。这样的斗争，现在仍然存在。

其次，工程师和建筑师的联合能够实现吗？结论是除非一人能兼有两方面的才能，否则是不能完满和有结果地实现。

20 世纪在建筑和桥梁界出现了很多富有艺术创作能力的工程师。他们不但能做结构的设计和计算，同时还从艺术的角度深入地研究了桥的艺术形象。

但是大多数工程师并不能如前所述那样具有多方面的才能。在科学越是发展的时代，分工越是精细，

2 奥地利维也纳普拉特公园中的高架桥

专业的精细的分工是使专业精益求精的必要条件。

在建筑事业中，建筑艺术的基础既然蕴藏在结构工作者的工作中，建筑师要做结构训练，那是必要的，也是能够做到的。可是对结构工作者做建筑艺术的训练是至今尚未普遍解决的。在我国高等学校专业教育中，对桥梁专业没有给予专门的艺术理论和实践的培养和锻炼。甚至有些结构工程师，不会把设计的理想，用立体的形象表达出来——不会画透视图，那就遑论形式的艺术处理了。

从建筑的技术和艺术的关系来看，二者应该是结合的，而不应孤立起来单独处理。然而结合需要创造条件，这样的条件尚未普遍具备。在没有具备这些条件之前，建筑师和工程师自始至终地、取长补短地联合起来是完全有必要的。虽然生硬凑合的例子不少，但是成功的例子毕竟还是很多的。

什么是建筑艺术

I

美的一般原则

上千年来，美学理论存在着唯物主义和唯心主义的斗争，美学领域里也产生了很多烦琐玄虚的名词和概念，使美学脱离了群众。由于对于一个已成的作品的评价，往往是众说纷纭，莫衷一是，影响到从事实际工作的桥梁建设者，人们常常认为美没有一定的标准，或者把工作推给“专业”的工作者去做。

弄清美学问题并不简单，但是不弄清这一问题又会使人无所适从。对美的看法有很多：客观唯心主义者认为“美是永恒不变的范畴”；主观唯心主义者认为“美是意识”；马克思以前的唯物主义者认为“美是天然的自然的属性”；辩证唯物论者则有比较全面的认识。

美感是在人类劳动生产活动的基础上发展起来的。审美要有对象，那就是客观事物。审美也要有一定的标准，那就是基于客观规律和由此引起的人的主观感情。因此要引起我们正面评价的感情，才能称为美。我们要做的是根据一定的对象探求构成美的法则或规律，这是艺术创作的基本要求。

审美的标准是有相对性的，因时、因地、因人而异。

我们的认识正如恩格斯在《反杜林论》中评论黑格尔时所说：首先是他自己的必然有限的知识的限制，其次是他那个时代在广度和深度方面都同样有限的知识和见解的限制。但是除此以外还有第三种限制。黑格尔是唯心主义者……审美标准是由于人们的世界观不同而产生差别。

前面已经说过，美感是在劳动生产的基础上发展起来的。对自己劳动产生出来的产品，自己总觉得很美。美是有差异的。颓废没落的人群，也有他们形形色色"美"的概念，他们也可以从中找到他们的"快感"，但这不是我们所说的美。艺术要起到积极的作用，要能增进人的美感，加深人正面的感情，提高人积极的艺术趣味，丰富社会前进的精神生活，促进人们正确的世界观的形成。这便是艺术的目的，审美的标准。

不同的人之间，会由于自己必然有限的知识所限制，在审美标准上有细节上的千差万别。每一个人自身亦会由于素养的提高而起变化。

除了因人而异外，某些地理和自然环境的特点，形成了地方风格；某些民族在文化技术水平上和风俗习惯上的不同，形成了民族风格。对于同时代的人是这样，随着时代的变化，美就有不同的标准。十八九世纪认为美的一些事物，在今天看来已经不太吸引人

3 19 世纪德国威许萨尔桥

4 19 世纪美国布鲁克林吊桥

了。人类的生产技术有了进步，精神面貌起了变化，审美的标准也就不同了。

美是前进的，不是一成不变的。美不是绝对永恒的东西。谁要是企图模仿过去时代成功的作品，企图使他自己的作品成为不朽，结果总是由于复古而不会成功。

美的标准虽然是相对的，然而也是连续的。每一个时代的美不过是在前一代基础上的改进，即使是进步的也必然会保留前代积极的因素，何况人类的历史尚是短暂的，那些基于生理和社会的，有史以来所共有的特点今天仍然未能完全变化。因此反映在艺术作品上,只能是批判地继承过去而不是全盘否定过去。企图否定过去文化艺术的一切方面，显然是不对的。

何为建筑艺术？

建筑艺术是古老的艺术的一种，自从人类有住处以来，就从房屋建筑中发展出建筑艺术。

19 世纪建筑师勒·杜克认为，建筑是为了避风雨，这不是艺术，如何选择和安排材料产生了方法，然后建造房屋才变为艺术。

结构与材料和安排材料的技术是建筑物的物质基础，但是建筑艺术是用具体的物质安排空间造型的一种艺术。

国内外建筑师们喜欢引用我国老子的几句话：“三十辐共一毂，当其无，有车之用。埏埴以为器，当其无，有器之用。凿户牖以为室，当其无，有室之用。”这是有和无的辩证法，说明建筑艺术是安排空间的实用艺术。如何安排空间之间的关系，要根据社会生活的物质和精神条件，并反映人们的爱好。

建筑艺术被称为“空间艺术”。

建筑物的空间，除了使用的空间之外，还有建筑实体所占有的空间。建筑实体就是建筑物的造型。处理造型也有一定的法则，于是建筑又被称为“实用造型艺术”。

建筑以群体的形式出现，并借助于题字、雕塑、绘画等辅助手段以加强艺术的感染力；再加上近代生活方式的复杂化，利用科学技术为舒适方便的生活创造条件，因此建筑是一门“综合性艺术”。

桥梁建筑艺术是建筑艺术的一个分支，其特点是桥梁建筑相对于房屋建筑的封闭空间而言，所提供的使用空间是一条开敞的跨越的通路。

意大利建筑师帕拉第奥曾说过，最普通的真理是，“桥是路的主要组成部分，不是别的，仅是道路或街道过水而已”。桥是路的延续，当然，路的定义可以是公路、铁路、水路、管路等。虽然和房屋建筑仅有这点区别，但已使桥梁建筑和房屋建筑在形式上极不一致（不过在某些场合又和房屋建筑密切地联系着）。二者的基本要求是一致的。

1953 年国家提出的建筑的基本方针是实用、经济，在可能的条件下注意美观。

建筑艺术的特点似乎在美。可是作为艺术绝不是纯粹为美而美，只有在与前二者统一的基础上才可称为美。

2000 多年前古罗马的建筑理论家维特鲁威（Marcus Vitruvius Pollio）曾写道：“所有的建筑需要坚固、实用和美丽。”

自此以后，很多建筑家们提出的基本原则，便在这三点之内变化，例如把实用与坚固合并为功能，或把实用拆开为便利、适合等。

实用，这应该是毫无疑义的，因为建筑艺术既然是实用的造型艺术，脱离了实用便不成其为建筑。所以 15 世纪哲学家兼建筑师阿尔伯蒂（Leon Battista Alberti）认为，建筑师无论在任何时候、任何情况下都应该表现出这种愿望，即把实用、节约放在第一位，即使是一切为了装饰而做的情况下，建筑时也应该这样处理，使人们不能否认这一切首先是为了实用而做。

19世纪建筑师雷诺（Francois-Léonce Reynaud）主张建筑艺术是功能和美的结合。他所说的功能便包括实用的含义。他认为美是可以适应所有实用的方面，二者是并不矛盾的。虽然他没有进一步说不实用就不美，然而他认为这是一个令人爱慕的形式，“聪明的观察者一旦发现没有满足功能的要求，相反地最后会产生嫌恶的感觉”。

人们总是以实用观点和审美观点来交叉地观察事物。然而并不是所有人的认识都是一致的，学院派的建筑师往往陷入复古的形式的泥潭中不能自拔。曾任苏联建筑科学院院长的莫尔德维诺夫在《苏维埃建筑艺术问题》中说：“……建筑艺术是为满足人民的美的需求而服务的……要创造伟大的建筑作品就必须建造一些不受实际需要所制约的建筑体量（柱廊、大门、雄伟的大厅、高塔）……我想每一个城市，如果它想成为一个美丽的城市，没有制高构图是不行的。”

我们并不否认制高构图有其雄伟之处，但是要有实际需要的制高建筑。在桥梁方面，近代吊桥高耸的吊塔在建筑艺术上有其可取之处，而在结构上也是实用的。

在维特鲁威的总原则中没有经济（有些近代作者将维氏建筑标准第六条改为经济，非维氏原意），

5 德国臬勃龙根老桥

6 武汉长江大桥方案之一
1954 年

这显然不是疏忽。原来维氏的著作是受命于古罗马时代某一皇帝，并受了皇帝妹妹影响的作品。所研究的又是古希腊古罗马时代的宫廷及神庙建筑。对于神权和皇权的建筑物一般是不管经济与否的。在社会主义社会，人民的物质生活和国家的建设事业都没有迅速提高和发展的时候，经济必须放在美的前面。即使在西方世界，除了资本主义为了夸耀资本权力的建筑外，其他建筑受利润法则的制约也不能不讲经济，他们的

7 日本海鸥大桥
1975 年

方案投标的条件也考虑到经济比较。

19 世纪的建筑师已经认识到了艺术的普遍法则是一个时代都需要的普遍的特性，它适用于教堂、宫殿、乡村庙宇和农村茅舍。所有的艺术，必须具有这样的特性。艺术的伟大并不在于应用贵重材料。

桥梁结构要自然纯朴，在一定条件下也要考虑装饰的必要性，但仍需在经济的原则下进行。

事实已经雄辩地证明了，近代桥梁完全可以做到三者统一，条件是美的标准要跟着时代前进，不要被过去的东西所束缚。

传统和革新

纵览桥梁的历史，在桥梁建设中，革新和保守的斗争是始终存在着的。当木、石结构推进到钢铁和富于形象、可塑性高的钢筋混凝土结构的时代，一部分人想摆脱旧形式的影响，另一部分人却想尽量维持过去认为美的造型，往往以新的材料去套用旧的形式。有些国内外的建筑师，以他们的精力致力满足过去式样的再兴，或以新材料、新结构用于新建筑时持折中主义的态度。

世界上一切总是在变化的，美的标准当然也是不断在变化。

但是形而上学的美学观点起了一叶障目的作用。他们把“美”的概念理解为脱离物质、脱离时间凝固不变的。由于古代建筑美丽的形式仍然能吸引人，予人以美的感受，于是就认为有永久的美存在，想把19世纪的建筑创立为每一时代都合适的形式，那是错误的。

建筑理论家吉迪翁（Sigfried Giedion）说得好：“建筑师去模仿过去的时代，企图使他自己的作品不是暂时的而是永久的美，不受时间限制；可是过不了多久，他们的建筑便变成没有生命的东西……”

其次，有的人虽然并不认为美是一成不变的，可是对传统的东西总是抱住不放，大有九斤老太一年不如一年，一代不如一代的滋味。

经验中认为上小下大是稳定的，上大下小是危险的，于是一些人总认为近代的一些结构不美，往往要经过时间的考验在获得了新的经验之后，才产生惊奇、钦佩，然后会对新形式产生新的美感。

但是放弃传统并不是容易的事。孔子对春秋时代的酒杯（图8）刻花的地方由三面改为六面、八面，就已大兴"觚不觚！觚哉觚哉！"（酒杯不像酒杯！酒杯呀酒杯！）的感叹。这似乎只是老顽固的事，然而"习惯"成为"势力"在现代亦存在，并且将来也会存在。

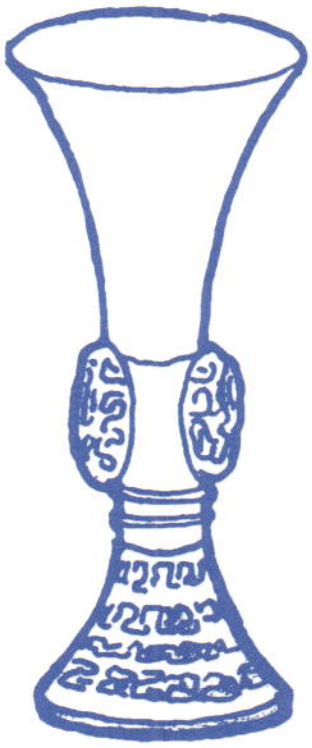
8 觚

即以桥梁而言，由于看惯了等跨度菱格形（俗称米字形）桁架的长江大桥，便有很多人认为大桥非此莫属，如提出不等跨度的新的形式，也大有"桥不像桥"的慨叹，或至少认为不美。

传统不仅指较远历史的渊源，也指同时代对成功作品的模仿，形成新的传统。

一次成功，多次模仿原无可厚非，但绝非上策。歌德在论到欣赏和熟视巨大的建筑物时说："巨大建筑的精神会到你这儿来，你不能因它们是这样建筑的美丽便进行模仿。你将创造你自己的设计，它们将引导你涌流出有生命力的美。”

即使不从进步的观点来看待这一问题，人们也常常不喜欢生活中那些固定不移的东西。把已经体验过的一切，多次重复去体验一定会厌烦的。初看是美，看多之后渐渐地味同嚼蜡。况且模仿难免有效颦之讥。《庄子》上说：“天下皆知美之为美，斯恶矣。”

恩格斯认为，传统是巨大的阻力，是历史的惰力，它是消极的，因此一定要被摧毁。

由传统而转为保守，往往夹杂着个人的私心杂念，对事业极为不利。但历史也不能截然割断。革新旧的事物，既要大胆解放思想，敢想敢做，又必须从实际出发，坚持科学的态度。

汽车的车厢是由马车发展过来的。

图9 是 1905 年的汽车，它和图10 的马车关系比较密切。车座很高，车门、车篷、车镫都是马车的形式。当内燃机第一次替代马来拉车的时候，它的速度是不快的，马车式的车厢并未严重地与新的内容相矛盾。当汽车的速度加快时，马车式的车厢就起了阻碍作用。到 1932 年，汽车的形式简化了一些（图11），可是仍是方方正正马车的外形。只有当根据空气动力学的原理，使汽车充分发挥它的速度之后，才出现现代美丽的流线型汽车（图12）。

飞机、汽车和近代火箭技术的发展，一根直线加短的曲线变成飞跃、有力前进的代表，丰富了我们的审美领域。在雕塑和舞蹈的造型中也象征性地引进

9 1905 年的汽车

10 马车车厢

11 1932 年的汽车

12 现代汽车

了这一形态。

在每一个时代，技术是相通的，精神是互感的。19 世纪的梁桥结构，配合桥上走的斯蒂芬森式的火车，桥下行驶的富尔敦式的“鼓水轮”船，天上飞的齐柏林式的飞艇，这一切还是和谐的。现代有流线型的飞机、汽车和巨轮，也就会有简洁、美丽、若飞若动的桥梁。

对于那些受传统观念束缚较深的人，猛然见了新的桥梁形式，便目之曰“新奇”。而实质上应从桥梁的功能、材料、结构、技术的合理性，从国家的技术政策，从美的一般法则来判断。

形式和内容

形式和内容的辩证关系可以概括为：形式反映内容，内容决定形式；形式反过来亦对内容起反作用——可以促进或阻碍内容的发展。

单是这样的哲学含义仍不够说明形式和内容在美学范畴里决定性的作用，即形式和内容是怎样的关系才能是美的；怎样的内容可以表达为美的形式。

建筑艺术的内容可以分为物质的和精神的，或自然的和社会的两个方面。

建筑艺术和其他艺术一样，基本条件是要有直接的物质因素，通过人的艺术加工，最后得出美的形式。

唯心主义美学家认为艺术作品最根本的内容是观念，艺术是观念的体现。这是不对的。因为脱离了物质无法构成形象，无法寄托观念。形象的极大部分得服从物质的特性和规律。在脑中的东西不能称为艺术。

或者有人说，因物质基础而产生的形象，即物的形式不过是“形象”而已，至于艺术的形象虽然是以感性材料作为手段，但一定要加入艺术家的思想和感情，通过形象传递给别人，因此内容还是属于精神的。

这是片面地强调了内容的一个方面。

从建筑的历史中我们知道，由于材料和结构不同，建筑的形式往往极不相同（*图 13—图 15*），但问题不单纯在于用什么样的材料和什么样的结构造成什么

13 石拱桥——苏州觅渡桥
摄影 _ 吴礼冠

14 钢筋混凝土拱桥——委内瑞拉加尔加斯桥

15 钢桁拱

样的建筑，而是什么样的人，抱着什么样的目的，用什么样的手段去建筑。

在阶级社会中，各个不同的阶级，抱着不同的目的建成不同的建筑——神庙、陵墓、宫殿、教堂、银行、文化宫、民居、农舍等。这些建筑物里体现出各种不同的思想；桥梁建筑在各个时期亦体现了不同的思想内容。

即使是已经赋予精神内容的建筑物的艺术形象，仍是受直接取自自然的材料和效法自然的结构形式的制约。人的生产劳动是社会性的，一切生产都表现出社会集体的力量，物质内容也包含着社会的内容，表达出人和自然斗争的精神和技巧。

因此建筑物的内容应归纳为材料、结构、技术和功能。

有些作者把功能作为建筑中的“动力”。而功能的含义中囊括了材料的功能和结构的功能等。

内容以一定的形式出现，内容决定着形式，形式和内容是一刻也不能分离的，应当是统一的。

开始进行设计构思的时候，正确的逻辑思路是由内容到达形式，根据内容的要求，凭借过去实践的经验和服从客观的科学规律以形式表达出来。而从评价和欣赏的角度出发，则首先接触的是形式，然后深入理解和接触其内容。

可是形式和内容也时时有脱节的现象。

当设计构思时不按科学的、正确的逻辑思路而着重从形式出发，便容易使形式脱离内容，停留在表面上，陷入形式主义。

在一切艺术中，形式主义是美的敌人。建筑艺术中色、线、形都是形式所必需的，但若仅注意色、线、形而不从根本内容出发便也成为形式主义的建筑。

形式主义也有其内容，不过这类内容思想性贫乏，不是好的艺术作品。艺术作品要求有丰富的内容，是形式和内容的统一。

我国传统的观点也是“形者神之质、神者形之用，是则形称其质，神言其用，形之于神，不得相异”。只有当内容和形式都正确地反映对象的目的时，内容和形式才有可能达到真正的统一。

图 16 是 1897 年一座典型的桥头建筑，桥的通行

16 1897 年的桥头建筑

无阻的目的和楼的安静居住的目的，二者所表达的形式和内容极不统一。

形式和内容不统一的桥梁建筑，会使人产生桥不像桥的感觉。

显然形式和内容的统一，主观与客观的统一是美的必要条件。但世界上形式和内容统一的事物也并不一定都美。从自然界现象来说，某些凶恶或卑下的动物，虽然各部分机能都有一定的目的性，然而不一定美，因为审美的主观方面是人，在评价事物的内容时要看内容对人的积极的因素。

有了积极的内容，在进行艺术加工的过程中，灌入积极的思想感情，最后获得美的形象。必须在艺术的形象中，看不出作品的工艺规程，无斧凿之痕，浑然出于自然，做到“虽由人作，宛自天开”，取得形式和内容、主观和客观的统一，于是人便得到美的感受。

桥梁建筑的艺术

II

桥梁建筑的功能与形式

15 世纪的建筑师阿尔伯蒂在获得古罗马时代维特鲁威的《建筑十书》之后写道：“建筑是同时有它的工具的目的性。”据说近代的功能的规则，是他的定义的发展。因此，功能本来就指建筑的目的性。

1850 年法国建筑师雷诺把建筑艺术定义为“功能和美在结构形式中的结合”。

1852 年美国雕刻家霍雷肖·格里诺（Horatio Greenough）的美学主张是“关于美，我的意思是功能的保证”。

1890 年路易斯·沙利文（Louis Henry Sullivan）认为“形式出自功能，功能决定形式”。

法国生物学家拉马克也主张形式乃功能的结果。

近代的艺术家、建筑师也有很多重复这一主张。这些对功能的看法，除了格里诺直接主张美是功能的保证外，都没有认为功能合理即美，而雷诺更明确地认为功能和美不是完全一致的，他的所谓功能与美的结合，实质是指功能与美的法则的结合。

片面地强调功能合理即美也许可以归之为功能

主义，但若是主张功能是决定形式的主要因素，那就不能轻易地断定为功能主义了。

我们不能仅从功能来断定艺术，亦不能脱离功能来断定艺术。

艺术价值并不在于新或旧、中或西，更不在于是这个流派或那个主义，而是在于它本身（艺术）水平的高低。

功能在内容上起着主导的作用，没有一座没有目的的建筑物。钢或钢筋混凝土等材料可以建造不少种类的建筑物——房屋、桥梁、水塔、反应堆等。这些建筑物的主要区别便是它们的功能。

什么是桥梁建筑的功能？

前面已经说过，桥不过是路的延续，这是它的基本功能。即便是基本功能也还有目的不同而形式有异。例如公路桥可以允许 4%左右的坡度，于是最简单的梁桥亦能呈抛物线形越过河谷。铁路要求不大于6‰或更小的坡度，铁路桥即使本身是拱桥或吊桥，

17 公路、铁路桥形式

18 日本园林小桥

透视之下，总有一根向远处投射的直线（图 17）。

园林里的桥梁更有功能上特殊的要求。

园林里短小的桥梁往往造得极矮，这样可以使人更接近水面，便于观赏水中倒影和池里游鱼；没有栏杆，在略带几分小心的情况下过桥，险中得乐，平添过桥后的一番乐趣。日本园林受我国园林的影响极深，同时亦有别出心裁的独到之处。图 18 为日本园林小桥，用微拱的两条石板，相错搭搁在贴水微斜的石梁上，使桥梁稍有曲折，略有起伏地临水而渡。

园林里较长的桥梁宜于曲折多姿。我国园林的精粹是化有限空间为无限空间，在局促的范围之内，咫尺山林，聚集不少精粹的景致（图 19—图 22）。曲折的桥梁增加了空间感，可以从不同的角度观赏风景。

厦门菽庄花园里的石桥，随山曲折，并且有一孔很简单的扁拱桥，亦是从曲折、起伏的角度布置桥梁。

园林里尚可设置规模较大、便于休憩的桥梁，往往上设桥屋，自成格局。

扬州莲花桥，俗称五亭桥，其形式有如唐代韩

19 厦门菽庄花园小桥

20 武汉长江大桥桥头
莲花湖公园曲桥

21 园林内曲桥

22 扬州莲花桥
摄影 _ 吴礼冠

愈所咏的方桥："非阁复非船，可居兼可过。君欲问方桥，方桥如此作。"桥的形式如同花园里一处以石桥为基础的亭台楼阁，功能既着重在通路也着重在休憩，明计成《园冶》说"亭者，停也，所以停憩游行也"，形式便更接近于房屋建筑了。

桥梁除了其基本功能之外，各个时代都对之提出交通以外的要求，这些要求可以称为附加功能。

桥本是路的延续，畅通无阻应该是桥的目的。然而战争要求有时阻塞桥上的交通。尤其在中古时代，江河险阻，易于扼守，河上的桥梁便需要设置临时或永久性的守卫建筑，于是桥头堡应运而生。

中国古代桥头的牌楼、门楼和桥屋也有为了"树桓表，设津吏，司启闭，察奸宄"的防御设施内容。

如大渡河泸定桥两端桥屋，过去便是关卡所在。图 23 为四川泸山铁链桥全貌。

古罗马时代不少桥梁本身就是因军事目的而建造的，上面建造了巨大的堡垒。最早的例子如共和国时代罗马附近的萨拉利桥，桥跨越雅尼奥河。公元前 6 世纪该河上已经造了桥梁，后来经过几次动乱，所有建筑物都荡然无存，后代曾重建。19 世纪所见到的桥梁如图 24 所示，庞大的桥头堡占了半座桥。没有渡河工具，攻克桥梁越过河去是需要付出代价的。

欧洲在古罗马时代之后的中世纪是动荡不安的时代，这时候破坏多于建设，有时甚至宁可切断桥梁

23 四川泸山铁链桥（升恒桥）

24 罗马时代萨拉利桥

25 14 世纪城堡

用河流作为自然的防御。到处布满城堡（图 25），若欲造桥，桥头堡便为不可缺少的建筑物。

法国瓦伦悌桥（图 26、图 27）是中世纪带桥头堡桥梁中比较杰出的一座。桥有 3 个高塔，桥中一个，桥两端各一个，另外再有一道桥门。桥共有 6 个尖拱，跨径各为 16.5 米，高高地耸出水面。桥墩顶处亦处理得使攻桥时无法从河中乘船上桥。此桥可称为中世纪最优美的防御性桥梁。由于其在军事工程上的完整性和它高直式建筑的整齐和优美，桥看起来像一个训练有素的武士，桥头堡予人以雄伟英武的印象。

并不是所有的桥头堡都是雄伟壮丽的，虽然它们的功能都是为了防御。不过凡是此类桥梁都有高耸的各种民族形式的堡垒建筑，使桥的形式改观。流风所及，直到 20 世纪，还欲从这一类形式中去获得桥的雄伟，这便值得推敲商榷了。

26 法国瓦伦悌桥（一）

27 法国瓦伦悌桥（二）

至于如 1822—1826 年建于英国伦敦至都柏林道路上的控威吊桥（图 28），中孔跨径 98 米，吊塔设计因欲和附近的爱德华城堡相配合，也造成中世纪城堡式建筑。

中世纪宗教对社会起着控制作用。在欧洲，甚至桥梁组织也由僧侣所控制。对桥要求附加宣传宗教的功能，使人们即便在行旅之间也在宗教的掌握之中。

28 英国控威吊桥

于是，桥上往往建有教堂、神龛或其他宗教性的建筑物。12 世纪法国阿维侬桥（图 29）共 21 孔，最大跨 32.9 米，便在桥墩上突出地盖了一座小教堂。

差不多同时的英国伦敦老桥（图 30）是由牧师彼得于 1176 年开始建造的，一共造了 33 年才完成。这座不规则的史无前例的石桥，桥孔很小，桥墩很大，兀立于河上，水怒吼地穿过桥下。桥上有路，两边都悬出桥屋，中间桥墩上还有小教堂和吊桥。此桥一共存在了 600 多年，于 1824 年被新桥取代。

英国于中世纪修建过不少有教堂的桥，甚至某些桥梁已经只见教堂不见桥梁。建筑物以石拱作为基础，承担主要功能的桥，反而成为附加的东西了。

宗教对桥的影响不但表现于桥的主体建筑，而且极大地影响着桥的装饰细节。例如图 31 是意大利文艺复兴时期威尼斯的柏葛丽雅桥，1630 年修建，它的栏杆和桥壁上刻有圣母圣子的壁龛，栏杆亦为高直

29 法国阿维依桥
1188 年

30 英国伦敦老桥

31 意大利柏葛丽雅桥
1630 年

32 墨西哥跨线桥

式建筑形式，充分反映了宗教对桥的控制与影响。这样的例子是不胜枚举的。一直到今天有神论的宗教国家仍然沿袭采用。图 32 是墨西哥的近代桥梁，依然浮刻有教堂、教士作为装饰。

意大利威尼斯是文艺复兴时代的中心。当时艺术打破了中世纪的消沉，出现了新的繁荣。威尼斯又是当时欧洲商业的中心，商业对桥提出了附加的功能。

16 世纪中叶，建筑师帕拉第奥为威尼斯大运河设计了图 33 的桥，他的设计思想是：桥是在意大利最伟大最有名的城市中心，这座城市差不多和全世界进行贸易，因此除了要保持城市的宏伟和威严，同时亦颇多地考虑到城市的财政收入。

最初设计的桥很宽，上面有三条街，中间的街宽而美丽，两边的稍次一些。桥街边是商店，为古罗马时代廊柱式的石建筑。这个方案没有被采用。

1590 年建造此桥时改用了单孔 28.7 米跨径的石拱，桥上有两行商店，行旅可从桥中和两侧走过，基本精神和帕拉第奥思想完全一致。

33 帕拉第奥商业桥

34 意大利威尼斯石桥（一）

35 意大利威尼斯石桥（二）

我国古代的桥梁，亦有立市肆于桥上的，有的结构内容更多。如《畿辅通志》载：乾隆二十五年别建九孔新桥。南北各建碑楼，南之东曰揽翠楼，西为延清楼，北之东为维摩院，西为关帝庙，中为茶亭九间，熙来攘往俱出亭中，规模宏敞，聿壮观瞻。

然而也可以看出，只有在那个时期的交通情况下，才有可能令这些增添附加功能的建筑物得以存在。18 世纪交通有所发展的时候，这些附加建筑已经起到阻碍发展的作用。1876 年法国命令拆除桥屋，除了作为历史性建筑保存的极少数附加建筑以外，桥屋渐渐被淘汰。

桥头建筑

19 世纪下半叶到 20 世纪初期的钢桥，我们常常会看到桥头建筑物。这些桥头建筑虽然在各个国家形式不同，但基本上还是堡垒或教堂式建筑。

前面各节里已经举过一些有桥头建筑的例子。再如 1903 年德国科隆莱茵河公铁两用桥（*图 36*）为三孔系杆桁拱。桥头是大堡和小堡，大小堡之间建有长廊。

1904 年德国美因茨莱茵河桥（*图 37*）亦为三孔系杆桁拱，跨径 93.4 米 +117 米 +93.4 米，桥头亦为大堡和小堡。这些中世纪堡垒式建筑高耸入云，企

36 德国科隆老桥
1903 年

37 德国美因茨老桥
1904 年

38 英国伦敦塔桥
1894 年

图与江河争美。

1886—1894 年的英国伦敦塔桥（图 38）是一座开合桥，桥跨 82.3 米 +61 米 +82.3 米。桥中修建了两个教堂式的高塔，其实际功能是隐蔽吊塔的钢结构；在水上交通繁忙、桥开启时间太长时，旅行者可以从塔中上升到天桥中过桥。据建成后的情况，过桥者宁愿在下面等候，同时还可观赏江中船只往来，桥塔未发挥预期的全部作用。按当时的审美观点，这样是美丽的，该桥可作为伦敦入口的大门。

总之，在那个时期造桥，修建桥头建筑已成为风气。推其原因，中世纪有军事作用的桥头堡及纪念性的凯旋门等以其雄伟的姿态，使人感受它的力量。再加上传统习惯势力，模仿的风尚，若缺了桥头堡又可评为桥不像桥了。

另外一个设置桥头建筑的理由是建筑艺术中有称为“形式的运动”问题。当人们欣赏桥的时候，视线随着桥的轮廓移动，随着桥形式的变化，引起生理、心理相应的反应。这种反应千百年来因人类历史积累的经验和每个人自身生活的经验，有的可以引起极愉快的感觉，有些会引起消极的反感，这就得出形式上的美与不美。

1897—1899 年德国修建杜塞尔多夫两座双孔系杆钢桁拱桥（图 39、图 40）。前一座没有桥头建筑，在拱桥门入口之处视觉有垂直移动的突变，似乎断了一般，二拱相交处也有跳跃的感觉，让人觉得不美。

39 德国杜塞尔多夫甲桥

40 德国杜塞尔多夫乙桥
1897—1899 年

另一座相似的桥，有桥头建筑，用桥头建筑作为视觉运动的连续。

在花费了不少资金、劳动力之后，所获得的美学效果究竟如何，德国人自己觉得并不上算。况且不同风格的建筑物拼凑在一起，反而会产生不调和的效果。1949 年德国桥梁专家萨贝尔在论述桥头建筑问题时，举当时世界上知名的丹麦立亭果桥为例。桥为高桩承台基础，系杆钢桁拱主孔，两边是上承的桁梁。萨贝尔认为桥是不美的，若加上简单的桥台门架便显得好看多了（图 41、图 42）。至于完全是为了表示桥的入口而设门阙的美因茨公路桥，反而对视觉运动不利，不如全部取消更为简洁（图 43、图 44）。萨贝尔认为这样便可保留形式运动的好处。

41 丹麦立亭果桥原状

42 立亭果桥改进示意

43 德国美因茨公路老桥原状

44 美因茨公路桥改进示意

美国早期临时性的木桥不去考虑什么桥头建筑的问题，虽有桥屋，形同仓库，仅为了保护木桥使之干燥，到战争时候尚要拆去。

当钢铁城市桥梁兴起时，也遇到类似的事。例如1914—1916年美国岳门桥双铰拱，原来设计拱脚处的桥台很高很大，线条也很复杂（图46），不少人反对这样做。实际建造时已经大大地简化了（图45）。

争论远远没有结束。1931年当设计美国纽约奇尔文科桥（图47）时，建筑师吉尔伯特（Cass Gilbert）的方案是拱与引桥交界处有两座花岗石的桥台。照比例看并不算大（实际尺寸是较大的），没有高塔，形式也很简单，可是结构工程师们反对，结果没有建造，而全部采用了钢构架（图48）。

岳门桥和奇尔文科桥之所以要取粗壮的大体积的桥台，其作用是基于拱的推力需要有沉重的建筑物予以支承的“印象”，让人有安全的感觉和雄壮的感

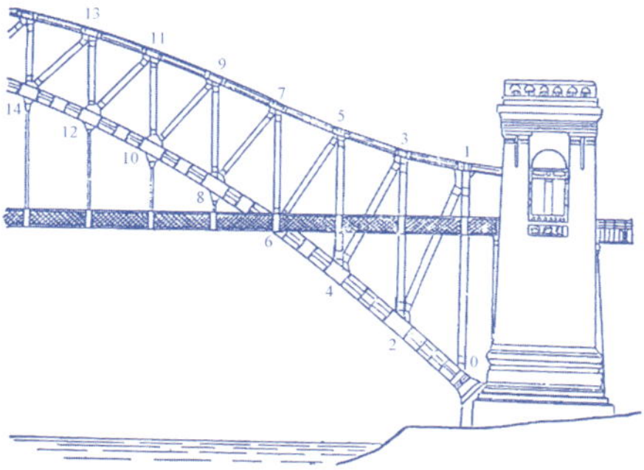

45 美国岳门桥桥台定案设计
1916年

46 岳门桥方案
1916年

47 美国奇尔文科桥

48 建成后的奇尔文科桥细部

受。可是承受推力的桥台在土下或水中已有足够的力量；换言之，上面的桥台是属于虚假的结构。

同样的情况，1927—1931 年美国纽约的乔治·华盛顿桥也是建筑师吉尔伯特提出的方案，是钢结构外包花岗石（图 49）。

1930—1940 年时关于吊桥的美学观点被归纳为：吊桥的梁和吊索部分结构上愈柔细愈好，形式上愈简单愈好，而吊塔则是属于美学处理问题。

原因在哪里？华盛顿桥的设计者安曼（O. H. Ammann）说“作者常很羡慕英国早期的吊桥。简单的外形，它们较平的悬链，轻巧、优美的吊桥，粗犷稳重和纪念性的吊塔”。他所说的英国吊桥中，当年比较著名的如梅涅吊桥（图 50），是眼杆吊链，没有加劲梁的吊桥，桥塔和引桥全部是石砌的。因为完

49 美国华盛顿桥方案

50 英国梅涅吊桥
1826 年

51 美国布鲁克林吊桥吊塔

全需靠重力来平衡吊索不平衡的拉力，所以吊塔便显得特别沉重。墩和梁强烈的刚柔对比，在当时，人们认为是极美的。

柔性应有一定的限度，并且要有结构的安全保证。梅涅吊桥几次被暴风吹断，1839 年桥面被吹坏，部分落入海峡。

前面已经介绍过的美国布鲁克林吊桥（1883年）也是极薄的桥面和粗壮的石砌吊塔的组合（图51），曾被誉为当年“美国一切结构中最完美的……曾是艺术家灵感享受的来源”。在一定的技术和艺术水平下，这样的赞语也情有可原，虽然在当时也有极力称赞吊桥而同时又批评桥塔为丑极的批评家。

布鲁克林吊桥石砌吊塔，施工时间长达9年多，为全部建造时间的70%。罗布林评价它时写道：“伟大的塔……将列于国家纪念物之列……是艺术的伟大的工作，并是进步的桥梁工程的楷模。这一结构将永远标志着这个社会的能量、进取性和财富，只有这些，才能保证其建立。”

在当年几座吊桥的影响下，吉尔伯特提出的关于华盛顿桥的建筑处理引起了莫大的争论。基于抗风的考虑，原方案用了加劲桁梁，增加桥的刚度。另外一派因为缺乏现代的风振知识而认为加劲桁梁对抗风不起作用，梁高了不符合轻柔的美学要求，于是实际建造的桥，便是不用加劲桁梁的薄桥面。

对于吊塔的争论，牵涉到一个美学上的问题，即真和美的关系。

“真就是美”，这是19世纪美学家约翰·罗斯金（John Ruskin）所提出的定义，他认为真和美是一体的。后来又有加上道德标准的“善”，合称为“真善美”。

罗斯金在列举真实的精神时认为：“一切不真

实都是一样的卑劣。建筑的‘欺骗’大致可以分为 3 项：所示的结构或支承的形式和真实者不同；外墙的装饰给人以和内部实际材料不同的材料的感觉；用机械制的铸铁的装饰。”罗斯金强调手工艺，反对机械制造的装饰品，这是他对艺术的偏见。

反对吉尔伯特吊塔方案的人一方面从经济角度出发，另一方面认为花岗石外壳是掩盖真实结构和功能的伪装。不包起来，赤裸裸的钢结构会变成比任何一个人所希望的还美。

主张采用花岗石饰面的人认为，塔的形式用建筑处理包起来将会在物质上表现得更丰富，并且对那些反对花岗石塔的人反唇相讥，认为反对意见不过是基于理论和以功利为基础的评论，桥塔把钢结构包起来并不改变或否定它们的功能，并且桥塔的花岗石包裹仅仅是一种装饰。

争论的结果是，真实暴露结构的那一方取得了胜利。建成的桥梁没有加劲梁，桥塔完全裸露（图 52），与奇尔文科桥的拱端桥台一样，虽然经济，但并不美。

工程界面对真而不美的这两座桥梁退却了，他们部分同意吉尔伯特的观点，认为应使钢结构承受全部力量而让花岗石起到保护钢架和装饰的作用，也给以后载重的增加留有余地。这第二条理由不过是为了从经济上自圆其说，避免背上浪费的罪名。

是不是真即是美的原则错了？

52 美国华盛顿桥

真并不一定是美，可是也不是说美容许不真，这也即是形式和内容统一的问题。

把真仅仅理解为表达结构的真实性，不一定能达到美的要求。真不过是美的基本条件之一。真人真事如实地搬上舞台并不能构成美的情节和场面，完全不加处理地暴露真实结构的建筑物也不见得美。完全率真的做法称为自然主义，反过来追求美而忽略真是华而不实的形式主义。

《文心雕龙》对真实的看法是“酌奇而不失其真，玩华而不坠其实”。

设计一个建筑物首先是寻求真，然后再求美。

一种结构和一种材料应用一定的手法，发掘它本身的美的特性，可以表达其本身独具的美，不一定依靠另外一种材料或结构形式去代替它达到美的形象，这样做在经济上也是上算的。一种新材料或新结构在创新阶段中常常尚未能摸索出它本身的特性，企图使用已成熟的老材料和老结构形式来掩饰它的缺点，也许一时起了些作用，但缺乏长久美的价值。

安曼在反省华盛顿桥的设计时说：“今天我来设计可能在技术和艺术上完全不同，因为现在已发生了很多变化。这是我对长跨桥的第一个经验，特别是对一个年轻人来说，是前进的一大步。”

安曼又是后来几座美国大吊桥——如威拉张诺等桥的设计者。他后期作品显著的特点是简洁，并极力反对复杂的装饰、浪费和笨重的结构造型，而用简单的线条追求庄严和潜在之美，并且，他诚实地使用钢料。

用钢建造的真实的吊塔是可以做到真和美的。如1936年的美国屈立堡桥的吊塔，以真实的结构，讲究了美的法则，吊塔和桥十分调和（图 53、图 54）。

在设计的过程中也还存在着传统和革新的斗争。吊塔的方案有教堂高直式建筑的老的式样和脱出窠臼的新的形式。高直式建筑控制了建筑师们的头脑上百年之久，所幸此桥未采用此方案；新的吊塔开创了20世纪桥梁建筑艺术的先例。

图 55 是美国1957年建成的麦金纳克桥，锚墩和吊塔形式都极简单。现在的中小跨度吊桥，更为简单。如图 56 的英国塞佛恩吊桥，桥跨988米，图 57 的德国埃牟立许莱茵河吊桥，桥跨500米，两者的吊塔只是简单的三层或双层框架而已。

新中国成立后我国桥梁事业有了蓬勃发展，在武汉地区就为联系南北交通兴建了不少桥梁，同时也

53 美国屈立堡桥
1936 年

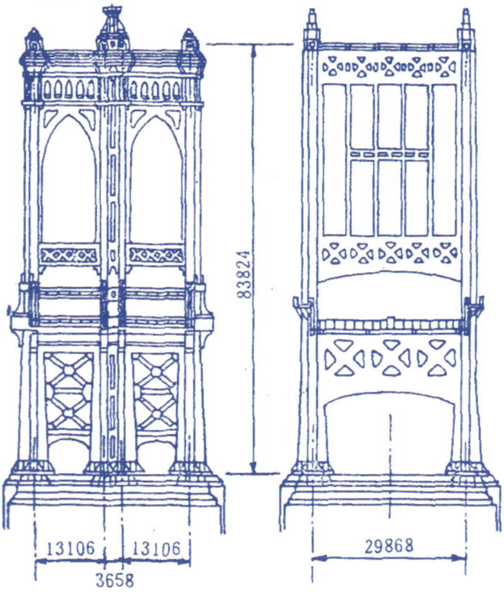

54 屈立堡桥吊塔方案

遇到了桥梁建筑艺术方面的课题。

武汉长江大桥正桥的形象确定之后，征求方案限定于桥头堡和引桥，这样做是否恰当有待研究。在建筑思想上武汉长江大桥引线过汉水的公路桥——江汉桥方案（图 58），建筑师的方案是在桥头造 4 个宝塔，

55 美国麦金纳克桥
1957 年

56 英国塞佛恩吊桥

57 德国埃牟立许莱茵河吊桥

认为灯塔象征总路线，照耀着社会主义前进的道路。

武汉长江大桥的桥头“堡”和引桥向全国征求方案时，提出总的原则是“实用、经济，在可能条件下注意美观”。具体的要求则是：“除了定出桥渡全貌形象外，应大力对该建筑物的全长制定一个富有表现力的整体风格，而由于结构特点所产生的必要的各种不同形象则应从属于整体风格。这一要求，对整个桥梁来说是非常复杂的，但又是绝对必要的。”

58 江汉桥方案
1955 年

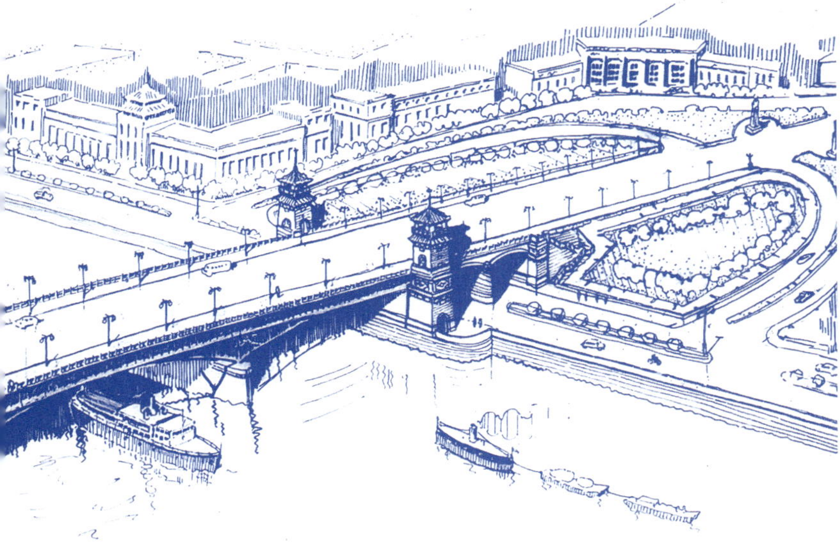

已如上述，正桥的形式一经确定，则引桥和桥头“堡”等其他结构需和正桥相配合。

“最希望的是为了使总的美术配合能更加强而有力，须将分隔两种韵调的桥台做某些加强。在这些转点的塔柱上，按照建筑美术中所习用的术语把桥梁予以‘界分’。”

“桥头的美术建筑物即应协调地、合乎比例地把桥渡的钢梁和两岸陆地以及引桥互相联系起来。”

因此，桥头“堡”是一个孕育在和谐形态中的整体建筑物，它的艺术上的功能是联系和界分。它又存在着联系武昌和汉阳沿江大道上下桥的通道的功能。

“合于逻辑的结构应该是合乎尺度的并且是技巧的，因此在建筑艺术方面附加的装饰应该在桥梁结构形式上、协调性与韵味上给人们以绝对轻巧的感觉”。

征求方案所提的具体要求在理论上并无不当之处。

应征方案琳琅满目，除极个别之外都是在艺术性上和表现能力上极为高超的作品（*图 59—图 61*）。问题在于多数都强调了桥头“堡”的雄伟和纪念性，使联系和界分作用的建筑物成为超越于桥梁本身的重点。在经济上几个主要方案接近全桥造价的 1/6 ~ 1/5。

最后取现在建成的方案（*图 62*），造价约为全桥的 1/50。

现在的方案，引桥以民族形式的锅底券（二点圆）高拱配合正桥的菱格形；桥头“堡”宽度不超过钢梁的高度，以求得全桥比例的协调。这是笔者——一

59 武汉长江大桥方案之一

60 武汉长江大桥方案之二

61 武汉长江大桥方案之三

62 武汉长江大桥
1957 年

个结构工程师的方案。方案获批后，在名建筑师赵深的指导下完成了具体设计。方案布置虽称紧凑，桥亭在体量上略显矮小，形象上尚值得商榷；民族形式的小亭也是受了当时风尚的影响。

南京长江大桥修建之初，再次向全国征求方案。缺点仍然是在确定了正桥和引桥之后，只征求桥头堡一段，此时改称为桥头建筑。设计总的原则，除了总路线的基本精神外，具体的要求是“雄伟壮丽，和武汉长江大桥大不相同”。

在应征的方案中仍有不少体量特别庞大、很不协调的建筑物，如宫殿式、城堡式和凯旋门式（图 63、图 64）等。以体量庞大作为雄伟的体现，插入轻巧的正引桥之间，可见传统的建筑形式和观念是不容易被抛弃的。

最后确定的南京长江大桥方案在名建筑师杨廷宝的指导下进行设计。桥头建筑由前台和后台两部分所组成。前台以三面红旗为主题，后台以群塑为主题，造型是比较新颖的（图 65—图 67）。

是不是每一座桥都需要桥头建筑，这是需要澄清的问题之一。流行性的模仿，国内外都是一样。当武汉长江大桥和南京长江大桥建成之后，地位略重要一些的桥梁都提出要修建桥头建筑，甚至形式上也类似或抄袭。

桥美不美，主要应突出正桥。正桥的选形，确定了桥梁总的形式的基调，其他都是从属于正桥的。

63 南京长江大桥方案之一

64 南京长江大桥方案之二

武汉长江大桥和南京长江大桥都是等跨平弦连续梁（南京长江大桥在平弦梁下、在桥墩处加上拱腿），两者都是菱格形腹杆，正桥都没有较为突出的结构造型。用较高的代价以桥头建筑来突出桥梁的建筑艺术，侧重上未免有偏差。南京长江大桥和武汉长江大桥在正桥桁式上是类似的结构，因此，即使桥头建筑不相同，仍做不到与武汉长江大桥大不相同的要求。

有些提法是，桥头建筑是纪念性的建筑物，应该重点地予以装饰和布置。1955 年笔者在应征方案中表达的想法是，桥本身的艺术形象，权衡比例配置恰当，具有雄伟的外形，本身便是一个纪念性的建筑

65 南京长江大桥采用方案
1959 年

66 南京长江大桥最后定稿设计

67 南京长江大桥建成后全景
1972 年

物。将纪念性的建筑物或庞大的纪念性的塔、柱等设置在桥上是不必要的。应把纪念性的建筑物移置到桥外面去，既是单独的存在又和桥配合，从桥上可以瞭望纪念性的建筑物，从纪念性的建筑物上也可以眺望桥梁，互相呼应，同时可以各自按独具的艺术风格来处理，不必集众美于一身。否则反而互相牵制，不能照顾到不同性质建筑物的艺术要求。

武汉长江大桥附近适宜于设置纪念性建筑物的地方，有汉阳晴川阁旧址和武昌蛇山头等。

作者在应征方案中曾设想在晴川阁建造民族形式的楼阁，并用跨线桥将晴川阁与龟山联系起来使整个桥头与晴川阁、龟山、大桥、莲花湖组成美丽的风景区（*图 68、图 69*）。

今日武汉市拟重建黄鹤楼，恢复这自古闻名的纪念性建筑物，地点选在现在安设原元安顺太子墓塔（俗称孔明灯）后面，建成之后将与大桥相得益彰。

分点的布局在我国桥梁史上不乏先例。如四川灌县都江堰的竹索桥，和桥头的二王庙、宝瓶口的伏龙观三者鼎立，是极优美的布置。

当纪念性建筑物和桥相合并的时候，形式上不易处理，体量又会不合理，经济上更不上算，分了之后，这些问题都迎刃而解。钱塘江桥并不是一座太美丽的建筑物，六和塔的形式更不能合并到桥上。但是将六和塔和钱塘江桥放在一起观看，从六和塔上眺望钱塘江桥，不就是风景如画了吗（*图 70、图 71*）！

68 武汉长江大桥桥头布置方案
1955 年

69 武汉长江大桥塔式桥头建筑方案

桥头建筑实用上的功能是上下交通的联系。为了解决这一问题，简单、经济的方法是极多的。例如德国科隆斜拉桥桥头预制的钢筋混凝土转梯（图 72），或如德国杜塞尔多夫的乔笃-豪依斯桥的人行斜道（图 73），结构简单，建筑形式上也富有一定的旋律。

葡萄牙的亚拉皮达桥（图 74）桥头亦有上下交通

70 浙江杭州钱塘江桥

71 六和塔和钱塘江桥

72 德国科隆斜拉桥转梯

的需要，用简单的两根带空格的立柱来解决。虽然这座桥的形式并不太理想，两拱之间桁式的联结系和简单的拱上柱及空格桥头立柱之间在形式和比例上不够调和，但是从全面来看，应该说是正确的。

根据国内外桥梁建筑的经验，应该可以得出以

73 德国乔笃－豪依斯桥人行斜道

74 葡萄牙亚拉皮达桥

下结论：不需要花大量资金、大量人力和物力替从属于桥梁的桥头通道做过分的装点。

自南京长江大桥之后，不主张造豪华高大的桥头建筑的呼声渐高，但仍有人不断地提出较大的桥头建筑的要求，这一问题有待于进一步解决。

桥梁建筑的装饰

主体与装饰

建筑结构和建筑装饰之间应取怎样的关系比较合适，这也是个老问题，并且富有强烈的时代性。

有人认为：装饰是建筑的主要部分，如无雕刻和绘画，建筑不过是造得好，称不上美。装饰是作为纯艺术建筑的有生命的部分。

但亦有极力排斥装饰的看法，认为装饰是虚伪地去努力抬高自己的地位。在建筑中，这种表面上提升的方法是古罗马人首创的。他们自己热心这样做并传之于他们的后代。文艺复兴时代更甚，以虚饰为美德。近代建筑中，常见到在光墙面上画上有趣的艳饰，但是欺骗不了谁。并且据说这种学说在现代某些地方仍得到支持，即使是一个激进主义者也很难不受这些影响。

我国古代的艺术观点对于装饰有截然不同的看法。

如清代的恽南田反对那种认为美好的事物必须配以华丽富贵气的装饰才真是美，他的意思是美与不美主要看主体的风韵姿态，装饰不过是不好的习惯。

杜甫《丽人行》以“态浓意远淑且真，肌理细腻骨肉匀”作为美的起点，然后形容到金银珠翠的装饰。

刘勰并不反对装饰，但亦认为“铅黛所以饰容，而盼倩生于淑姿”。

由于建筑的特性，通过美的法则所取得美的形象是美的主体部分。这一部分美是内涵的、独立的，较少随时代而转移。这是没有人能反对的。但另一方面，虽然装饰的效果不及内涵美的普遍和永久，是不是一点都不起作用，或竟起反面的作用，看来也未必尽然。

19 世纪建筑师雷诺认为，虽然装饰对于建筑并非必需的,因为没有装饰的帮助也可产生很好的效果，但事实也说明拒绝装饰所产生的美丽和生命，常使建筑给人以严肃和枯燥的感觉。这就说明装饰可以有力地增加大厦之美，因此它也是为美所接受的。

他又说，明确地配置装饰的位置、性质和形状，装饰将大大地增加建筑物的美。因此装饰必须不违反建筑物结构系统的主要实用的形式，应使整个建筑的表现力更易于理解。

勒・杜克是有名的建筑理论家，他宣称建筑领域的两个要素“结构”和“装饰”的绝对需要和亲密的统一。在产生它们之间调和的方法上就形成了风格。他也主张装饰不要随随便便使用上去，而是要服从结构的安排，否则便缺少风格。

装饰有时代性，因此有人认为不用装饰的艺术可以久远。但在建筑艺术包括桥梁建筑艺术中，与健康的人体的美不一样，建筑结构、技术功能等内容所表达的形式，随着内容由于时代的推移而进化，即使不加装饰也不能保存所谓永久的美。恰恰相反，当下一代兴起的时候，便把前一个时代不要装饰的建筑，也只看作是那个时代的美。

在建筑装饰方面，各时代间有其辩证的关系，其发展趋势一般是从朴素到繁华，然后又从繁华变为朴素，总是波浪式地向前发展。

建筑艺术的各个阶段表现得非常突出。极端的理论往往是在各个相应的阶段出现的，如在艺术走上颓废的阶段，或热衷于应用贵重的材料、浪费的方法、虚伪的形式，或竟使用表达不健康思想内容的装饰时，便会产生否定装饰的理论。所谓“绚烂之极，归于简略”。

当朴素的建筑物已取得一定的成熟的结果时，便又主张装饰。

还有一种理论认为朴素是上升阶段的美，装饰是下降阶段的美，因此主张永远维持朴实无华。这样的理论也是片面的。

复古和无节制的装饰，或装饰变成了只有装饰的价值——乔装打扮时，形式和内容、真和美的统一都被破坏了。这样的装饰是要避免的。只有健康的内容、有节制的装饰才对建筑的美起积极的作用。

石桥的装饰

初期石桥是没有什么装饰的。*图 75* 为西班牙勒里达地方的瓜迪亚纳河桥，是古罗马时代的建筑。

75 西班牙瓜迪亚纳河桥

76 加尔德水道桥

桥共 64 孔，长 1600 多米，可以说完全是从功能、结构等出发来建造的桥梁。历来就有很多美学家极为赞赏朴实率真的建筑，如对法国境内古罗马时代的加尔德水道桥（图 76）予以高度的评价：这是一个纯粹的结构工程，很坦率地设计出将一道水背过河谷。它今天仍率真庄严地站着，3 层裸露的纯粹功能的拱，是古罗马时代工程师天才的论据，也是对古罗马建筑师的责难。每一个时代都是这样，对于桥梁建筑，工程师的作用大于建筑师。这一座桥确是比较美丽的，除了坦率纯粹之外，尚服从了一定

77 奥地利瓦蝶吐贝石拱桥

的法则，以后还将说到这一点。但试看桥上有若干不规则的石块凸出在墙面之外，这些石块最初可能由于大小不一偶然砌筑而成，之后人们发现这样有时竟别有韵味，于是被用作有意的装饰。这样的装饰适合于与自然环境相调和的桥梁，如 1884 年奥地利的瓦蝶吐贝石拱桥（图 77）。

先功利后审美，先结构后装饰，这样的发展是极自然的。

再如在砌筑拱券时，在墩身部分留出插入拱架横木的孔洞，或搁拱架横木的挑石，施工完毕后无意识地留着，却起到了丰富立面的装饰作用。

拱上路面边，栏杆下挑出于拱墙面的仰天石檐口，也是石拱桥由结构需要而演变成重点装饰处理之处，这一部分的装饰变化多端，形成各国不同的风格。

石桥建筑发展到较高的阶段时，出现了极多既注意主体的美也富有装饰美的桥梁。

例如 1902 年建成的德国慕尼黑麦克思・约瑟夫桥（图 78），大拱上叠小拱，拱顶石处有民族形式的装饰。整块石栏与拱墙面平，可是用承溜口丰富了桥

78 德国慕尼黑麦克思·约瑟夫桥
1902 年

79 约瑟夫桥入口栏杆

80 德国慕尼黑马克雪密立安桥
1903—1905 年

的立面。两端入口处的栏杆是镂空的，与拱上栏杆成虚实的对比，并设有浮雕与圆塑的望柱，雕刻不多，极富于艺术性（图 79）。

城市纪念性的桥梁与偏僻处的桥处理自应不同。

之后一年修建的马克雪密立安桥（图 80）也是一座大拱上叠小拱的石桥。拱上柱与栏杆柱之间以各种兽头形象的承溜口联系起来，桥上栏板镂空雕刻各种花草图案。桥墩上很自然地在与桥墩分水尖、墩上柱、栏杆相调和的座子上设武士雕像。

这两座桥都是工程师、教授霏许（Theodore Fischer）和建筑师萨吉脱（Saget）及伏纳合作的作品，装饰适合于功能和结构，并且在最适宜于装饰的部位合理地予以处理，除了武士像的位置和方向值得商榷外，可称是甚为成功的作品。

石料有美丽的色泽，并且从中古时代以来以石料做装饰已取得丰富的经验，以至当钢筋混凝土桥刚进入桥梁的行列时，人们不相信其自身可以造得很美而采用石料镶面。

美国早期很多钢筋混凝土桥都用花岗石镶面。1932 年华盛顿州的阿林顿纪念桥（图 81）是敞肩钢筋混凝土拱，都用花岗石包成满肩的石拱。墩上拱墙面有浮雕，栏杆上设有雕像。因为不符合内容和形式及真和美的统一，该桥的艺术形象是不足取的。

我国石桥的建筑装饰具有鲜明的民族形式，重点装饰的地方是拱顶石和栏板及望柱。雕刻以动物中的狮、龙为主，这些“神兽”起“厌胜”的作用。刻在拱顶石上的为吸水兽。（图 82、图 83）赵州桥拱顶石吸水兽形态极为生动，好像它能起镇压洪水、驱吞水中兴风作浪的怪物的作用。或有刻别种动物的，臆想的作用与上述相同。卢沟桥桥柱以石狮的雕刻变化众多而有名。颐和园十七孔桥栏杆柱头亦雕刻着石狮，桥头尚有一铜牛，形象均极生动（图 84）。

秦时蜀太守李冰兴建都江堰时刻了 5 头石犀牛做镇压洪水之用。古代的浮桥亦用铁牛做维系浮桥缆绳的锚着重物，取牛的力大，所谓：“寓精奇物，壮趾贞坚，首有如山之正，角有不崩之容。”船头上画上鹢鸟，称为鹢首，取鹢鸟善于飞翔、不怕风浪的德行。

81 美国阿林顿纪念桥
1932 年

82 赵州桥拱顶石吸水兽

83 北京卢沟桥金代吸水兽

84 北京颐和园十七孔桥铜牛

摄影 _ 梁欣立

当人类的力量尚不足以抵御自然力量的时候，往往借“神物”的力量与自然做斗争，同时也起了装饰的作用。虽然这样的厌胜法，在古代人们也并不完全相信它们，不过是一种精神上的安慰。唐杜甫《石犀行》中说:“自古虽有厌胜法，天生江水向东流……终藉堤防出众力，高拥木石当清秋。先王作法皆正道，鬼怪何得参人谋！”

虽然如此，古代艺术仍显示着一定的魅力。

现在人类的技术已完全可以在江河湖海深水中修桥，不需借助于狮龙之属，但是这些雕刻装饰仍然是富于魅力的。

十七孔桥虽然不是浮桥，昆明湖也风平浪静、波涛不惊，桥头却铸有精致生动的铜牛，主要是为了点缀装饰。

十七孔桥、知春亭、铜牛，三者的位置布置极为恰当，亦是桥头建筑与桥宜分不宜合的明证。

钢桥的装饰

石桥已经有几千年比较成熟的经验，主体结构和装饰细节都已比较成熟，钢结构却不是这样。钢铁作为桥梁新的建筑材料，一开始人们还不知道它们具有何等的艺术表现力。同时又受了传统艺术、传统审美观念的束缚，以及受建筑和结构分工的影响。关于钢结构的艺术有一段摸索的过程，走了一二百年弯路。

对于钢结构，以桥头建筑作为辅助手段的桥梁，

85 布鲁塞尔某住宅楼梯间装饰

86 比利时火车站钢结构装饰

已在前文论及，钢结构的细部装饰也有它一番经历。

初造铸铁和锻铁的房屋和桥梁是没有什么装饰的。1880—1890年比利时布鲁塞尔被称为近代建筑的中心，一批艺术家们首创了“新艺术运动”。简单的钢结构，如布鲁塞尔某住宅的楼梯间，布满了涡形曲线、蔷薇花、缨穗等装饰，把钢结构打扮得花里胡哨，好像加工桃花心木家具和大理石的雕刻一样（图85）。比利时的若干火车站钢结构同样也是如此（图86）。

桥梁的主体是无法按上述的建筑艺术来制造的，它得服从技术上的要求，实际承受力量，于是在非主体受力的部分进行刻意的装饰。如1903年沙俄圣彼得堡涅瓦河桥桥墩上竖琴形的铁花装饰及灯柱等（图87）。

1903—1904年德国的司纹蒙台桥（图88）有一座吊桥式的伸臂梁，桥门架的柱顶有钢制的盘花，桥

87 沙俄圣彼得堡涅瓦河桥装饰
1903 年

88 德国司纹蒙台桥
1903—1904 年

89 司纹蒙台桥马头灯

90 德国某公路桥桥门架
1897—1898 年

梁的端部弦杆斜杆上附加了不少装饰，同时还有钢制的马头形的吊灯（图 89）。

1897—1898 年德国莱茵河上某公路桥做了一个装饰性的桥门架（图 90）。门架的左边有舵轮和钎子，右边是草帽和铲子，上面的壁画，画了一艘 19 世纪的大“轮”船。这样的装饰我们完全不懂其含义，看来是比较庸俗的。

刻意地装饰一座钢桥最突出的例子是 1899—1900 年法国亚历山大第三桥（图 91）。桥是 107.5 米跨度的钢三铰拱，路面宽 20 米，每边各有 10 米

91 法国巴黎亚历山大第三桥
1899—1900 年

92 亚历山大第三桥装饰

的人行道。桥面甚宽，用了 15 片拱肋。最外一片拱肋的表面镂刻花纹，拱脚铰亦用花饰盖上；拱上柱按古希腊柱头的形式制造，若干柱顶尚有人面雕刻。拱上柱之间一连串的铸铁花束布满全桥，栏杆灯柱，处处讲究造型和装饰（图 92）。

这座桥的入口，尚有布满着雕刻的门阙石柱，很华丽，极尽法国艺术装饰之能事。原来这座桥是法国国王为了迎接沙皇来访而特意修建的。这是在帝皇的靡费奢华向独裁者献媚的艺术思想指导下的作品，虽然艺术上有其独特之处，毕竟不足为法。

现在钢结构主体的艺术力求真实简洁，不用上面所介绍的各种装饰方法了。

桥梁入口的装饰

不论何种材料与结构的桥梁，可以做重要装饰的地方是桥路面入口之处。用桥头建筑作为桥的入口，欧美在十八九世纪是非常盛行的。例如图 93 所示马格德堡的柯内许桥还算是设计得比较好的造型。从 20 世纪起，已经从经济及新的审美观点出发，很

93 德国马格德堡柯内许桥

94 英国新铁匠桥入口

95 美国旧金山金门桥入口
1937 年

45
SLOWER TRAFFIC KEEP RIGHT
NO U TURN
CHANGING TIRES PROHIBITED

少甚至不造桥头建筑了，渐渐地采用更简单的方法，获得明朗美观的效果。

图 94 所示的新铁匠桥入口，用装饰性的、类似于我国门头墩子抱鼓石的形式。虽然体量不大，犹是应用了烦琐的雕刻花饰。

图 95 所示金门桥用类似于门阙的体量作为桥的入口。

与金门桥相差两年的加拿大狮门桥（图 96）吊桥用两只雄狮作为吊桥门阙的守卫。这正如我国守桥的石狮子。典型的守桥石狮有天安门金水桥头、北海的堆云积翠桥及卢沟桥的桥头狮子（图 97）等。但中国的石狮必然是雌雄成对，雄者玩绣球，雌者戏抚着幼狮，更富有生活的气息。

日本东京有几座 20 世纪初的桥梁，也以狮子守桥（图 98、图 99），而尤以东京日本桥入口处设置的铸铁狮子和高大的装饰着花纹的灯柱更富于装饰性。狮子是模仿我国宋代和金代铁狮的形象。我国宋代铁狮现存山西太原晋祠，金代铁狮现在河北石家庄。将一般狮子戏弄绣球的习惯代之以抚弄着舵轮，灯柱上更有衔环的兽头，这些都是我国的民族形式，可见中日文化交往之深，人们的喜好是十分接近的。

雕像和桥

中国古代的雕刻，除了佛像之外，不喜欢用人像做建筑装饰，而国外则自古便常用人像取题。

96 加拿大狮门桥
1939 年

97 北京卢沟桥桥头狮子

98 日本东京日本桥桥头狮子

99 日本东京日本桥灯柱

有些建筑理论认为建筑艺术的缺点是缺少情感上的感染力，并且“只有”依靠雕塑和绘画（如雕像、壁画、壁上镶嵌图案）才可以表达情节。用人像雕塑表达什么样的情节随时代的不同而异，并且殊方异俗，除了比较明显的外，若不加说明，其情节也不易为域外人所理解。

17 世纪罗马爱留司桥共五孔，桥的两端及两孔之间的栏杆望柱上都有雕像，刻作十二使徒，作为宗教宣传，含义是比较明确的（*图 100*）。

桥上设雕像，通常要考虑雕像的含义，此外尚需考虑雕像的尺寸、方向和位置。雕像的位置影响着雕像的尺寸和方向。

爱留司桥和*图 101* 所示德国马克雪密立安桥的雕像都设置在栏杆以上，面朝路面。栏杆上的雕像可以丰富桥的立面，但要求雕像的尺寸在路面上观赏时不觉其过于庞大，从桥外河上观赏时不觉其渺小。栏杆上的雕像面朝路面，背朝河水，便于行人欣赏，惜河上看来仅为背影。若需兼顾两者，则宜用群像，人物各有向背，可以从各个角度欣赏。缺点是从远处看来轮廓不够清楚，例如罗马的维多利奥・安曼努尔桥（*图 102*）。

1905 年德国慕尼黑的威特巴赫桥（*图 103*）是纪念奥托・封・威特巴赫而修建的桥梁。在二孔石桥的中间墩上，伸起拱门作为雕像的台座，使行人需仰望雕像，造成纪念人物伟大的形象。伟大人物的纪念像，设置在狭窄的人行道边上，极不便于延伫瞻仰、沉浸

100 罗马爱留司桥

101 德国马克雪密立安桥雕像
1905 年

102 罗马维多利奥·安曼努尔桥

103 德国慕尼黑威特巴赫桥

于伟人事迹的回忆之中。因此，最适宜的地方应是正对桥上道路的中心广场，这样的布置国外不乏实例，亦符合纪念性的建筑物和桥分离的原则。

在桥的入口处用人物的雕像做装饰亦是极好的布置。法国亚历山大第三桥桥头入口上下 3 层的雕像内容十分丰富，惜不理解其内容，不能说明相互配合及应用于桥梁装饰的含义或情节（图 104）。

1815 年法国巴黎的依娜桥（图 105）位于巴黎铁塔之旁，桥入口处横立骏马作为装饰，桥墩上梁面饰有浮雕，处理比较简单而美丽。

1896 年建筑师卞拉尔提出法国巴黎塞纳河上的凯旋桥方案（图 106），可称是一个典型的形式主义，无节制追求装饰的桥梁建筑艺术设计。桥是二孔钢筋混凝土梁，除了路面无法刻花之外几乎都装饰上花纹。河心桥墩是一艘画舫，布满了裸体和半裸体的雕像，也许是用了些神话中的典故，然而琐碎繁奇，漫无头绪。加上船体的形式和离开了船又坐落于人工岛上的天使们与桥墩支承梁的内容完全脱节，桥中心路面正中耸立着站在方座上球形坛顶的天使，使桥面交通为之阻塞，这样的设计是可以称为颓废性的设计。

法国的艺术水平在国际上也是一流的，优美的具有时代性的桥梁占多数，1904 年建成、1956 年修复的法国巴黎的毕尔·赫卡恩桥（图 107），旧名芭珊桥，桥跨 112 米 +88 米，上层宽 7.5 米，下层宽 24.5 米，在墩上梁部饰有的雕像已能融合在结构之

104 法国亚历山大第三桥桥头入口

105 法国巴黎依娜桥

106 巴黎塞纳河凯旋桥方案
1896 年

107 法国毕尔·赫卡恩桥

中，浅尝辄止，对桥立面形式起丰富的作用。

桥梁建筑可以装饰的地方还有栏杆、灯柱等细部。这些部位变化极大，趣味不同，虽和桥的结构发生很少的关系，却和时代的喜爱密切相关。在本书诸桥梁的照片中可以看到很多形式的栏杆和灯柱。现代的装饰设计原则趋向简洁，所以栏杆、灯柱等也以极简单的居多。

归根结底，桥梁的建筑装饰是从属性的，并且要根据桥梁所处的位置的重要性来考虑装饰的配备，一切要以桥梁的主体的艺术性为主。主体布置适合和美观，装饰甚至是可有可无的。任何装饰都需服从于主体，如何获得桥主体的艺术形象，应是重点研究的问题。

桥梁建筑
艺术的
创新

III

笔者在前文论述传统和革新的问题，是企图从思想上明确创新的必要性和必然性，抛弃自暴自弃、不图上进、谨小慎微、明哲保身与故步自封的保守思想。《文心雕龙》上说：“文律运周，日新其业。变则其久，通则不乏。趋时必果，乘机无怯。望今制奇，参古定法。”变化革新是绝对的，但能做到符合客观规律地自如地变通，则是要花大气力学习和实践。要不失时机、不畏艰难地跟上时代，了解过去、熟悉现在、展望将来，才能有所发现、有所发明、有所创造、有所前进。

另外一方面，不仅要有创新的志愿，还要有创新的方法，否则将茫无头绪，无从着手。

国内外桥梁创新的来源大致有以下几个方面：

总结改进

所谓创新，实质上是在一定的原则指导下，按照客观发展规律，得出新的形式，表现新的美。

近年来国内外桥梁新形式的出现，主要是在千方百计地发挥材料性能、减轻重量、降低造价的原则指导下，分析过去的结构，推导新的造型；在艺术上则要求简洁和轻巧。

即使是很笨重的石拱桥，也采用大拱叠小拱的方法，减轻重量和减少工作量。

就钢桥而言，通过国外的资料得出，一吨额外的载重，要使中等跨度的桥梁增加约一吨钢料去承载它。又根据设计工程师的工资和钢的价格比较，笔者认为，多花一个人一个月的工资去设计，节约一吨钢，还是值得的事。

怎样去减轻重量呢？

采用高强或高强轻质的材料，如高强混凝土、轻质混凝土、合金钢、冷拔钢丝，以及正在研究中的塑料混凝土、多晶合金钢、多晶混凝土和高强微晶玻璃等都可减轻桥梁重量。新的材料将会使桥梁的形式完全改观。

采用新的联结方法，如钢结构中用电焊和高强螺栓结合的钢梁，可比常用的铆钉铆合梁减轻15%~20%的重量。完全电焊的钢梁更轻。用合成的黏合剂黏结钢结构是20世纪50年代开始设想和试验的有趣项目，虽然迄今尚未完全成功，但仍是影响桥梁发展极有前途的设想。

尚未实现的事物尚难深入谈论。卓有成效的改进项目，足以启发我们创新的思路。

还有一种减轻重量的方法，是减轻将重量传递到主体结构上去的桥面结构体系的重量。

第二次世界大战以前，公路桥的桥面采用钢筋混凝土板。第二次世界大战之后，发明了结合梁，使钢筋混凝土桥面板和钢纵梁共同起作用，重量比从前更轻。钢筋混凝土板上路面及防水垫层等厚 10 多厘米，现可将板的混凝土标号提高到 400 级以上，取消面层，只将板加厚 1 厘米，每平方米自重可减轻约 300 公斤（*图 108*）。

由于电焊的发展，现已大量采用格子结构的正交异性板。正交异性板的桥面是厚 10 ~ 30 毫米的桥面板，板下行车方向焊上加劲肋，一般间距在 30 厘米左右，横向若干米有横梁。因为所有这些纵横梁都是直角相交的，所以称为正交，但是两个方向的强度并不一样，因此称为异性（*图 109*）。

正交异性板桥面较之钢筋混凝土桥面自重减轻了 80%左右。

铁路桥面也有很大的改进。原有的布置方法是道砟桥面和明桥面。明桥面我国一般采用纵梁间距 2 米，枕木净距 15 厘米，每延长米单线铁路重 600 公斤。国外铁路纵梁间距减为 1.5 米，枕木净距 40 厘米，每延长米单线重 400 公斤左右，减轻了 33%。

铁路桥面现已采用钢轨以特制夹具和橡皮垫直接栓接于纵梁上翼缘或正交异性板的肋上，不用道砟和桥枕，使桥面重量降低到极低数值（*图 110*）。

减轻支承部分的重量，可以减轻主体结构的自重。

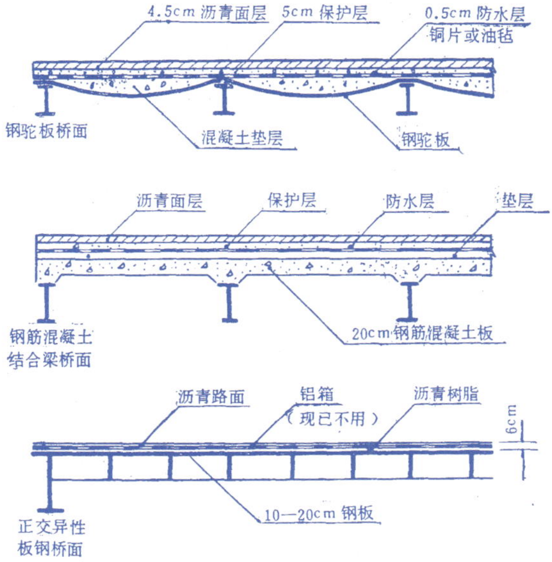

108 公路桥面的改进

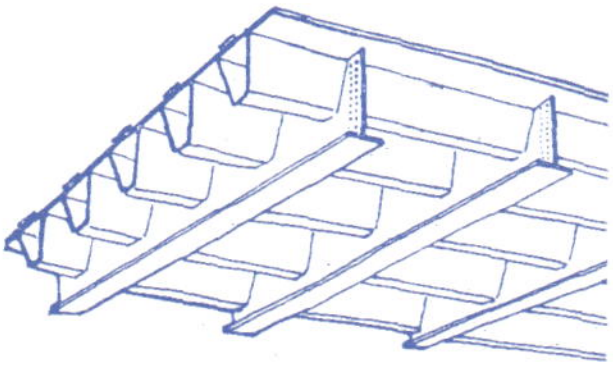

109 正交异性板

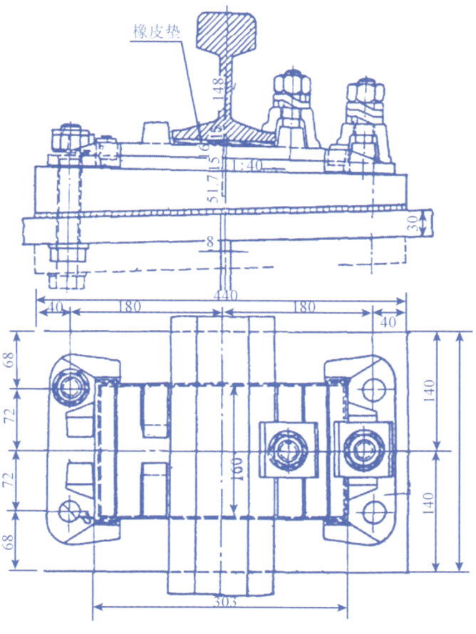

110 无砟无枕铁路桥面

单位：毫米

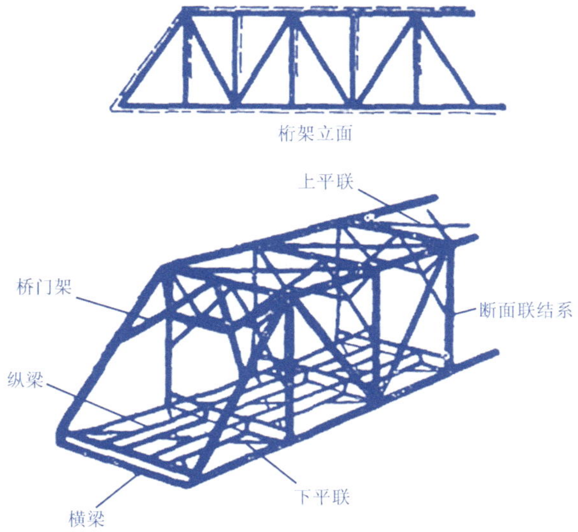

111 桁架各部分名称

最重要的改进是合理地布置结构。

设计阶段研究桁架式结构时，偏重于观察立面，但看来非常简单的三角形桁架，造成后，却是错综复杂的结构。因为除了桁架本身之外，尚有上下平联、桥门架、断面联结系和桥面系。这些联结系统（图 111）帮助了桁架受力，但也增加了桁架的负担。几十年来各国处心积虑改进这一布置，走上了立体结构的道路。

图 112 是 1895—1896 年美国费城特拉华铁路桥，双线铁路是当年典型的设计，各个系统一应俱全。

1928 年建成、1958 年并行扩建的美国卡奎内兹公路桥（图 113），由于上弦是曲弦，从桥面上看，断面联结系更是凌乱不堪。这两座典型的桥梁，除了

112 美国特拉华铁路桥
1895—1896 年

113 美国卡奎内兹公路桥
1958 年

114 德国诺依维特莱茵河桥
1934 年

115 德国马林堡双线铁路桥
1891 年

116 德国宁堡威塞铁路桥
1957 年

留出必要的火车和汽车的净空之外都是结构。这样的布置，是不是必需的呢？

适当地选择桁架布置系统至少可以简化，甚至取消断面联结系。1934 年德国诺依维特莱茵河桥（图 114）为莱翁哈特所设计，不用断面联结系，而将桥门架做成钢板框架，桥面干净利落，甚为简洁舒畅。

有人认为公路桥可以做到没有断面联结系，铁路桥振动摇摆力大，没有断面联结系未必可行。事实上 1891 年德国的马林堡双线铁路桥（图 115）用较高的鱼腹形桁架，并没有断面联结系。1957 年德国宁堡的威塞铁路桥（图 116），跨径 101 米，桁高 10 米，是多腹杆桁架系统，亦无断面联结系。没有断面联结系的优点是减轻了重量，结构上可使风力传递明确，偏载时主桁弦杆不扭转，竖杆不弯曲，二桁的垂直位移差由水平位移差和水平联的节点板受弯来承受。桥增加了净空，简洁明朗，驾驶员可避免因心理上的烦

117 英国答玛河桥
1859 年

乱而造成事故。

早在铸铁和锻铁时代，便有几座很别致的桁架桥，如英国的答玛河桥（图 117）。桥主孔为二跨各 139 米，上弦杆用一根 487 厘米 ×274 厘米的椭圆形铸铁管，桥没有也不需要上平联。

取消桥断面联结系约可节约钢料 2% ~ 5%，节约上平联又可争取减少 2% ~ 3%的钢料，惜几十年间未被重视和推广。

1930 年德国杜伦地方鲁尔河上建成第一座双线铁路的断面为三角形的桁架桥。两片桁架共用一根上弦杆，既无断面联结系又无上平联，是一座立体桥梁（图 118）。之后不久，1935 年又在吕丁豪森地方出现了单线铁路的三角桥（图 119）。这两座桥是探索桁架桥新形式的先声。第二次世界大战开始，两座桥在战争中都被破坏了，使立体桥梁的研究推迟了 15 年之久。

1950 年，美国曾征求一个 76.2 米跨度、8 米

118 德国鲁尔河三角桥
1930 年

119 德国吕丁豪森三角桥
1935 年

路面宽的全焊公路钢桥设计。有 16 个国家的人应征，其中方案之一为钢系杆拱。拱向内倾斜到拱顶相接，只在拱的 1/4 处有一根横撑，拱为箱形结构，没有断面联结系。上弦水平联节约了 80% 的钢料。下弦桥面也不是一般的纵横梁加下弦水平联的系统，而是和桥呈 45 度角的格子梁，用 630 毫米宽翼缘工字钢组成，上铺钢筋混凝土桥面板，板和格子梁起联合作用，也就取消了下弦水平联（图 120）。

这样的布置做了模型试验，拱的刚度并未降低。材料方面和一般铆合钢桁架比较，节约钢料 22%，和一般平面布置有联结系的系杆拱比较，节约钢料 9%。

系杆拱吊杆极为纤细的截面，使结构更为轻巧

120 美国全焊钢拱模型
1950 年

简洁。

1955 年墨西哥立奥柏伦哥河上的公路桥便采用了这样的桥式。

1963 年德国建成费曼恩海峡公铁两用桥（图 121—图 123），主跨 248.4 米，矢高 43 米。单线火车，11 米宽三车道公路，1.88 米的人行道，采用了立体结构系杆拱。拱是箱形的，拱轴呈抛物线。拱肋宽 1.9 米，高度在拱顶处为 3 米，拱脚处为 4 米。

桥面采用正交异性板的公路和铁路桥面，桥面即是系杆。吊杆是交叉网状的斜拉钢索，以克服一般系杆拱在活载作用下较大的变形。

这座桥是高次静不定结构，大部分的计算依靠电子计算机进行。

钢筋混凝土桥同样也向立体结构方向发展。

1948 年荷兰第二十号运河桥（图 124）下承系杆拱跨径 67 米，拱的上平联结系是多格式结构。此桥在建筑艺术上已经做了考虑，但是在经济上和从近代

121 德国费曼恩海峡桥
1963 年

122 德国费曼恩海峡桥鸟瞰
1963 年

123 德国费曼恩海峡桥公路桥面
1963 年

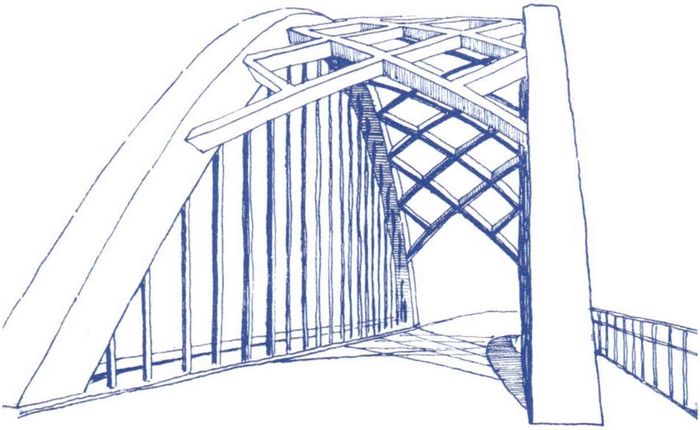

124 荷兰第二十号运河桥
1948 年

125 法国加拿大桥
1955 年

126 英国悌斯河管道桥
1959 年

的审美观点来考虑还有值得改进之处。

1955 年法国的加拿大桥（图 125）跨径 153 米，矢高 26 米，采用箱形的钢筋混凝土拱肋，拱肋宽在桥面以上都是 2.1 米，从桥面到拱脚则由 2.1 米增加到 3.52 米。肋高由拱顶的 3.2 米增至拱脚的 3.6 米，并且变化箱形拱肋的壁厚以获得经济的截面。拱肋之间没有水平支撑，完全靠箱形拱肋自身的刚度取得拱肋的稳定。

1959 年英国悌斯河的管道桥（图 126），跨径 64 米，桥面宽 4.57 米，拱顶宽 2.14 米，系杆用预加应力，吊杆亦包上混凝土。

127 德国赫登人行道桥
1957 年

128 英国福特萨姆桥
1969 年

129 立体布置吊桥

1957 年德国曼海姆地方的赫登人行道桥（图 127）跨径 90.5 米，采用倾斜的拱，以获得更大的稳定。

1969 年英国的福特萨姆双线铁路跨线桥（图 128）跨径 63 米，两端加短伸臂以搁 14 米的挂孔，整体预制，横移架设换下旧梁。

吊桥也可设计成立体的布置，以增加梁各个方向的弯曲变形刚度（图 129）。

从平面结构发展到立体结构是科学发展的必然趋势。过去所以总是布置成六面棱角的平面组合体系，是由于对这样的体系采取一些假定之后，比较容易计算和掌握。因为力的正交性关系，虽然平面彼此之间也会有些影响，但其影响是较小的。电子计算机的应用使任何复杂的结构设计计算成为可能，立体结构便应运而生。立体结构牵一发而动全身，有机地连成一个整体，因此也是经济的。

深入地分析研究，改进原有设计是多方面的，并不限于上述内容。

推陈出新

历史是个宝库，可以从中发掘出不少有用的东西。学习前人，改进前人的工作，推陈出新，是科学发展很重要的一个方面。

桥梁历史中，推陈出新的事例是极多的。当我们面对一座别致的新桥，正在惊讶如何会产生这样设想的设计时，回头一看，原来是对历史上一些老桥用新的材料和技术加以改进的结果。

例如，美国的岳门桥钢拱的造型，就是借鉴了我国颐和园玉带桥的形式而设计的。

130 河北赵县济美桥

131 南京长江大桥双曲拱引桥

132 英国福斯桥

近年来国内公路部门在全国遍地开花地建设了如此众多的双曲拱桥，设计者的思想是从我国拱上叠拱的石桥艺术、国外房屋建筑双曲屋面的构造以及化整为零分阶段施工的建桥技术，加以发展而逐步形成的。

图 130 是我国赵县和安济桥（赵州桥）类似的多孔叠拱桥——济美桥；图 131 是南京长江大桥公路引桥部分的双曲拱桥，一陈一新，风格上大体是一致的。

钢桥中的伸臂梁桥如英国的福斯桥（图 132），其结构理论的形象化可参见我所写的《桥梁的故事》图 94。可是结构形式的设想并不见得是从该照片中人的组合而得到启发的。早在福斯桥之前，古代的木桥中伸臂梁桥在很多国家都存在，钢桥出现伸臂梁是木伸臂梁的推陈出新。

当 1962 年委内瑞拉马拉开波桥（图 133）建成后，人们对预应力钢筋混凝土结构的一反常规、别出新意，都惊叹不已。设计者意大利的莫兰第也因之在世界桥

133 委内瑞拉马拉开波桥

梁界负有盛名。莫氏基本上是从福斯桥的结构布置，利用预应力钢筋混凝土的特点，巧妙地组合拉、压和抗扭的布置，取得比福斯桥更简洁明确的结构系统，使人获得新的美的感受。

推陈出新并不是旧瓶装新酒，而是从以往的结构中采取其合理的部分，采用新的材料和新的技术，增加了新的内容，结果是获得了不同于旧形式却有渊源可寻的新的形象。

最容易说明问题的是吊桥。

最早的吊桥在我国，这种吊桥的桥面安在并列几根吊索面上，桥面随索起伏（图134、图135）。作为人行及驮东西的牲口等用的桥已经让人感觉到震荡不安，但这种桥毕竟解决了越过急流深谷的问题，人们对这样的吊桥还是产生了感情。薄而轻巧是吊桥的审美要求。

交通工具发展之后，直接走在吊索上的桥面被

134 安装吊索桥面

135 珠浦桥桥面

否定了，代之而起的是从悬挂的主索上，吊下拉杆吊着平坦的桥面。桥面的变形和坡度都得到改进，钢铁时代早期的吊桥大都如此。

1940 年发生了由于风力振动而落桥的塔科玛吊桥事件，研究结果否定了不加加劲梁的吊桥，认为宜用透风桥面的加劲桁梁，梁高至少为跨度的 1/90 ~ 1/80。

塔科玛吊桥事件之后的一段时期里，吊桥的结构要求使梁加高，但对吊桥的美观要求仍扭不回来，人们千方百计使吊桥减薄。自1966年的塞佛恩桥起，英国的吉尔伯特·罗伯茨（Gilbert Roberts）发明了对风稳定的梭形箱形加劲梁，使梁高又降为跨度的三百几十分之一，从而又否定了桁架加劲的吊桥。否定的否定不是简单地对原来的肯定，形式上似乎回到原来的薄桥，实质上结构已发生了很大的改变。

至于桥面设在索面的桥式，因为不合现代的要求，所以未见发展。1958年德国芬斯特瓦尔德为土耳其博斯普鲁斯海峡桥设计方案时，提出了三孔连续式预应力钢筋混凝土吊桥。

第一次设计的方案（图136），桥跨径为450米+600米+450米，其中中间墩上每边伸臂各150米。桥面宽25米，左右各3.75米的车道、2.5米的人行道以及两条2.5米的格栅纵缝。桥面厚26厘米，为中跨的1/2300。桥面板内排列1120根Φ32的钢筋，锚在两岸石层中。路面呈波浪形。第一次设计由于坡度不合（最大10.3%），第二次修改设计后的桥面板加厚到30厘米，钢筋增加到1370根Φ32，坡度减至3%，设计车速不超过每小时90公里（图137）。

该桥做过振动的理论计算和模型试验，结果显示都比经典的钢吊桥好。其形如带，故称为带桥。

之后，有过好几座桥采用此式吊桥的设想，如

136 土耳其博斯普鲁斯桥第一次设计方案
1958 年

137 土耳其博斯普鲁斯桥第二次设计方案

138 大跨度薄带桥方案
1965 年

1965 年的大跨度薄带桥方案（图 138），中孔 586 米，同年瑞士日内瓦湖桥，七孔连续，最大跨 460 米，板厚 25.4 厘米，设计可承受最大风速 50 米 / 秒。

已有几座小跨度的人行试验带桥被成功建造。因桥面极薄，在车辆集中应力作用下，局部的应力较大，尚存在一定缺点，还在继续研究之中。由此可见，推陈出新的过程必须立足在坚实的科学实验

139 哥斯达黎加预应力钢筋混凝土吊桥

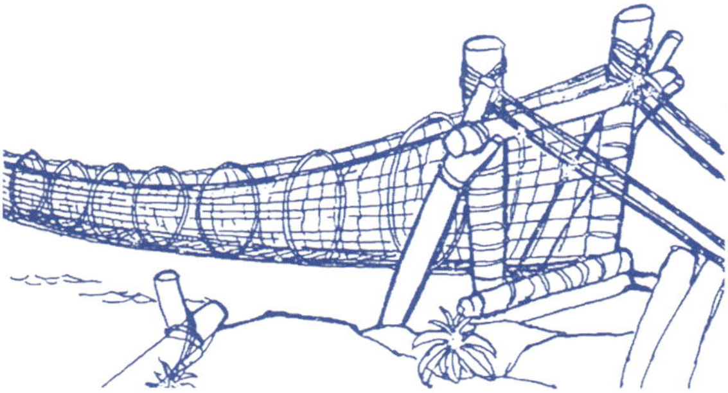

140 西藏洛渝地区藤网桥

的基础上。

1977 年英国威尔逊（A. J. Wilson）等人又从预应力钢筋混凝土薄带桥引申其概念，结合塞佛恩和博斯普鲁斯吊桥梭形箱形钢梁的设计，回到钢结构的薄带桥，设计跨径 490 米。

林同炎教授在 1972 年为解决薄带桥的路面起伏问题，设计了独具一格的哥斯达黎加·圣·乔斯桥，吊桥部分跨径 108 米，在薄带之上加预制的立柱和桥面（图 139）。

推陈出新的实例尚可举我国吊桥中的藤网桥。图 140 为我国西藏洛渝地区旁固村有名的藤网桥。桥以 4 ~ 6 根主藤索围绕着间隔排比过去的藤环，再

141 美国空间轨道系统模型试验（一）

142 美国空间轨道系统模型试验（二）

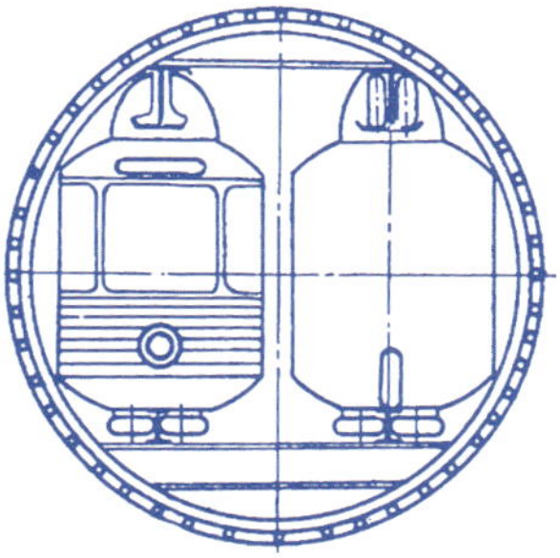

143 空间轨道系统断面

用细藤缠绕成一个巨大的空心藤网桥，人在藤环的空间穿过去，较之一根吊索的悬渡桥和平铺吊索桥面的薄带桥更富有安全感。它的缺点主要是刚度不足。

美国费城宾夕法尼亚大学建筑研究中心曾研究过用钢丝、钢环和钢杆组成的环状吊桥，称为“空间轨道系统”。桥环网之中行走两列高速轨道列车，其构造见图 141、图 142、图 143。虽然迄今尚未有正式的桥梁施工,未始不是推陈出新的一个富有创造性的设想。

本节的很多实例都是从我国古代桥梁中得到启发。我们国家古老文化所产生的古老技术和艺术是一个丰富的宝库。推而广之，世界上一切国家和民族的成就都是人类共同的宝库，有待人们去发掘和推陈出新。

旁搜博览

桥梁建筑是土木建筑工程中的一个分支，很多

144 巴黎铁塔
1884 年

建筑工作者不但会造桥，同时还是其他建筑的能手。我国春秋时名匠公输班（鲁班）便是传说中的杰出人物。19 世纪法国工程师埃菲尔是巴黎铁塔（图 144）的设计建造者，亦是有名的钢三铰拱桥加拉比桥的设计建造者；近代的工程师中如弗雷西内是预应力桥梁和大体积公共建筑的设计能手；工程师纳尔维不但精通二者，同时又是极有艺术素养的建筑艺术家；德国的莱翁哈特承担过的设计工程面更为广阔，并且在桥梁建筑艺术上也独有见地。他们在各种工程之间融会贯通，创造出新的形式。

145 意大利都灵展览馆（钢丝网水泥双曲拱）

146 蕈形结构房屋建筑

147 蕈形结构峡谷桥

房屋建筑和桥梁建筑之间互相借鉴学习的地方较多。

1949 年意大利都灵的展览馆拱顶采用了钢丝网水泥双曲拱（图 145），现代桥梁中亦有双曲拱桥。

纳尔维设计的建筑采用了组合独柱的蕈形结构，钢筋混凝土柱，顶部用钢板梁向四周伸出，上铺屋面，若干个蕈形排列成空间（图 146）。

1966 年德国埃尔兹峡谷桥亦用蕈形结构建造桥梁。蕈形柱最高者 100 米，截面呈八角形，空心钢筋混凝土结构。每柱顶部扩大成 30 米 ×37.5 米的桥

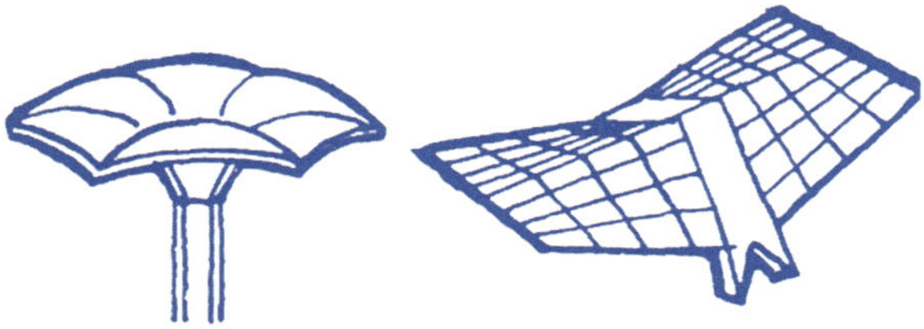

148 薄壳结构

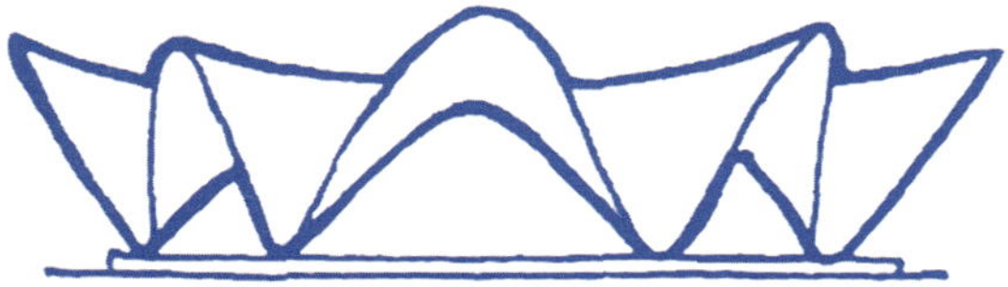

149 墨西哥罗斯·门迪尔斯餐厅

面。两个蕈形之间的桥面靠伸缩板联结（图 147）。

房屋建筑中最近 30 年开始发展应用薄壳结构（图 148）。即如独柱蕈形结构中，亦有用薄壳的屋顶和薄壳基础所组成。用最少的材料取得最经济的支承结构莫如薄壳，在建筑造型上也一反过去的层叠用板、次梁、主梁、柱的构造，开辟了造型上广阔的天地。

1958 年墨西哥的罗斯·门迪尔斯餐厅，30 米直径的薄壳结构，不分屋顶梁柱，最薄处是壳仅 4 厘米厚的钢筋混凝土结构（图 149）。

西班牙的托鲁加（Torroja）教授 1933 年开始建造薄壳屋顶，对薄壳甚有经验，1939 年他设计建造了西班牙的阿洛兹水道桥，其水槽便是 U 形立体薄壳结构（图 150）。

阿洛兹水道桥是应用立体薄壳于桥梁的先声，

150 西班牙阿洛兹水道桥
1939 年

151 意大利立那第薄壳拱桥

虽然立体薄壳的桥梁还没有到大量推广建造的阶段，可是已经有过不少这方面的倡议。

意大利工程师立那第（Giuseppe Rinadi）为罗马设计某桥时提出一座薄壳拱桥方案（图 151）。

试看这座拱桥，仅在拱顶处支承着梁。梁也是双向有曲线的立体预应力梁。薄薄的拱片，每半拱略卷边弯起，使能承受拱 1/4 点处的最大弯矩和增强拱的稳定性。虽然这座桥有不合理的地方，如拱上的梁在墩上没有支点则梁跨等于桥跨，使用拱的意义不大，但它的薄壳拱仍有可取之处。

152 意大利卫申采桥方案

153 索莱里壳体桥方案（一）

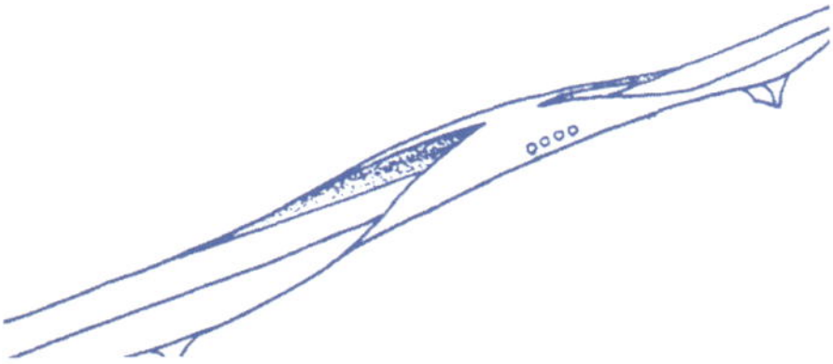

154 索莱里壳体桥方案（二）

意大利工程师穆斯梅奇（Sergio Musmeci）设计的意大利卫申采桥（图 152）主孔跨度 77 米，大拱上叠中拱，中拱上叠小拱，它的拱也是微弯的立体薄壳。

1948 年美国万国水泥公司意大利裔建筑师保罗·索莱里（Paolo Soleri）设计了一座未来的预应力钢筋混凝土桥（图 153、图 154），中跨的梁自桥面边

155 立体派建筑师设想的壳体桥

上向上卷，桥墩上的梁自桥面边向下卷。卷转接合后的断面呈椭圆形。卷转的壳体承受梁较大的力矩。连续梁及弯点的地方力矩最小也正好是上下卷边壳体的交会点。跨中卷边上开有 4 个窗口，该处设有服务部，可供游览远眺。

设计者认为这样的梁式桥比非壳体其他梁式桥更经济。

有认真思考的设计者，也有脱离实际的浪漫主义设计者。图 155 为某立体派建筑师设想的封闭式壳体桥梁，车行其间势必感觉压抑沉闷，而每个桥墩用 6 条象脚似的结构也令人难以理解。

索莱里的薄壳桥方案提出至今已有几十年了，何以这几十年来薄壳桥的方案没有实现？是不是薄壳桥梁不是大方向？解决薄壳桥的建造关键有两个方面：一是分析计算；二是制造安装。今天电子计算技术对于分析计算薄壳结构是没有问题的，可是复杂外形的薄壳在制造安装上仍有困难，待更合适的材料、更经济方便的技术想出来之后，薄壳桥仍是有希望的。所以即使是几十年前的方案，现在仍为国外桥梁界所乐道。

除了从房屋建筑中引进了不少结构形式之外，其他工程结构对桥梁建筑的创新也起了一定的启发作用。如前面在减轻重量和梁体共同作用方面已谈到了正交异性板。正交异性板便是第二次世界大战之后从造船工业引进到桥梁工业中来的，并通过使用改进了适合于桥梁的加劲肋形式。正交异性板钢箱形梁桥是现在方兴未艾的桥梁结构形式。

通过正交异性板的应用，其优点和缺点都已比较清楚，虽然其在桥梁结构中尚有很大的活力，但现在已经看出另外还有可以引进作为桥梁结构新形式而取代正交异性板的“夹层板”结构。“夹层板”原称蜂窝夹层板，因为首先在飞机、火箭及宇宙飞船上应用时是蜂窝状的核心而得名的。薄板材料刚度较差，尤其是抗弯方面更是不足。如因满足抗弯而加厚薄板则其核心部分受力较小，材料不能完全发挥作用。飞机和火箭等结构重量要求特轻，除了用轻金属外，还

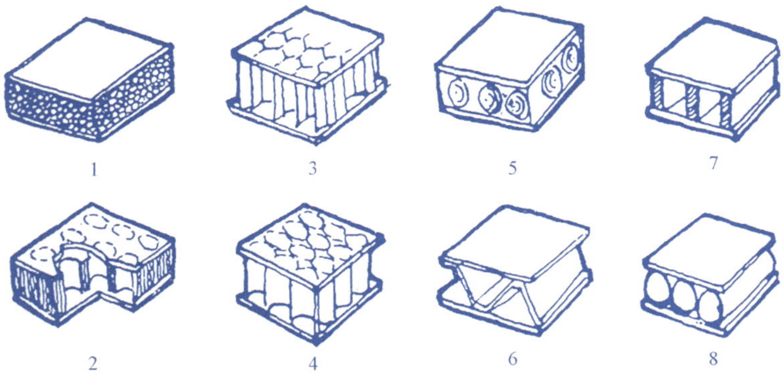

156 夹层板

开发了蜂窝夹层板，分为如下几种：1.泡沫材料；2.挖空横切木材；3.蜂窝夹层；4.竖管核心；5.填球核心；6.折板核心；7.木片核心；8.横管核心（分别对应于图 156 之 1—8）。

现在的夹层板构造大致如图 156。使用的材料可为纸、木、铝、钢、塑料、玻璃钢等。联结的方法是焊合或胶合。用途已超出航天工业而应用于其他工业；除了结构上应用外，亦做隔音、隔热等物理效用的措施。

夹层板结构可以是各向同性的（图 156 之 1—5），亦可以是各向异性的（图 156 之 6—8）。其中第六种折板核心已经引进到桥梁建筑中来。

假如我们能解决曲面的夹层板作为桥梁结构的问题并有简易方便的制造施工方法，薄壳式桥梁有可能成为现实。这不过是一个方面，不同的薄壳施工技术也是很多的。

桥梁下部基础的建筑技术借鉴于建筑、矿山、水利、水电、海洋等工程之处甚多。详见基础方面的专业著作。

专业的分工是需要的，可是要做好专业工作，仍必须博采旁搜。“通”后才能有“变”。

效法自然

创新的来源之一是效法自然。艺术模仿自然的说法在西方很早就有了，柏拉图认为，艺术是模仿现实世界的外形，而亚里士多德则认为，艺术模仿现实世界具有必然性和普遍性，即具有它的内在本质和规律。达·芬奇说："画家如果拿旁人作品做自己的典范，他的画就没有什么价值；如果努力从自然学习事物，他就能得到很好的效果。""艺术不但要模仿自然事物的形象的方法，这就是说，还要按照自然规律来进行创作。"

建筑物是由自然物质通过人的劳动所构成。绝对"人工"的建筑物在自然界是不存在的，建筑物只是在某些方面、某种程度上较之自然之物更为集中、更为高级，可是归根结底不过是按自然界规律加以组合，并且远不及自然界包罗万象的形式的丰富多彩。自然仍是我们学习的榜样。

效法自然是一步步深入的，最早是从形式上效法自然。我们看一下桥梁史，已经知道桥梁的基本形式——梁桥、拱桥和吊桥都是从自然界现象中得来的，而建筑装饰也是参照了自然界的山水树木、花叶佳果、奇禽异兽、健康人体，构成精美的艺术构图。

自然形式的形成有其功能等内容，因此所谓模仿自然并不是照搬其形式，而是深入其内容，要采用其对于桥梁功能所适合的部分。

上一节所提的建筑形式无一不是从自然界而来。

蕈形结构效法菌类植物。薄壳结构来源于介壳动物。植物的花瓣和叶片亦是薄壳结构。通过计算

157 植物薄壳

158 桥梁浮墩

分析，极薄的花瓣所能承受的风力是相当可观的。特点便在花瓣边上微弯的卷边，增加了花瓣的强度（图157）。这便是几座薄壳拱桥设想的由来。模仿植物的空心枝干一如荷梗，使空心桥墩取得经济的效果。模仿动物骨骼断面的组成，构成泡沫夹层板轻而强的建筑材料。模仿六角形的蜂窝，可以用最少的材料获得经济合适的空间……事例是不胜枚举的。

房屋建筑方面近年开始发展充气塑料房屋，发明者弗雷·奥托（Frei Otto）发表于1958年，是观察了自然界的水银珠、荷叶上的水珠，特别是从肥皂泡薄膜的表面张力受到了启发。该设计于1961年时得到了充分的研究，现在已得到大力发展。在桥梁建筑中，鲁道尔夫·特劳斯泰（Rudolf Trostel）参照水滴在重力作用下表面张力形成的造型，建议以充气壳体如倒置的水滴造型做桥梁的浮墩（图 158）。

气膜在桥梁建设中尚可做模型之用。气膜为双层，加气后成型。在夹层中灌入速凝环氧树脂玻璃丝，大跨度时尚可加骨架加劲，凝固后成为壳体，然后再将下面的气放走。在凝固的过程中气膜能根据自重自动整形为均匀抵抗自重的形状。虽然这一方法尚不成熟，未始不可以启发发展薄壳桥梁施工技术的另外一个方向。

模仿自然已成为“仿生学”这一门科学。仿生学在桥梁领域里不及其他领域深入，绝大部分不过在牛顿力学定律的范围之内。纳尔维深入地研究了结构弹性偏光试验摄制出的自然物体力流的形式，首先按照力流的图案建造了罗马加蒂毛纺厂厂房的楼板（图 159），获得了合乎力流轨迹的结构，同时也获得了新的美丽的图案造型。桥梁建筑方面也有人研究了薄膜受力后力流的分布，布置了新型的网状吊桥（图 160、图 161）。

模仿自然之后深入到自然物质的深处，深入金相结构，改进钢结构的形式；深入晶体构造，人们发现了晶须体的超强力作用，可以和其他金属或高分子材料组合成超强的新结构材料……

建筑模仿自然之贝壳的薄壳，感到困难的是模型板难于制造，因此发展停滞。这缘于仅从形式上去

159 罗马加蒂毛纺厂厂房楼板
1953 年

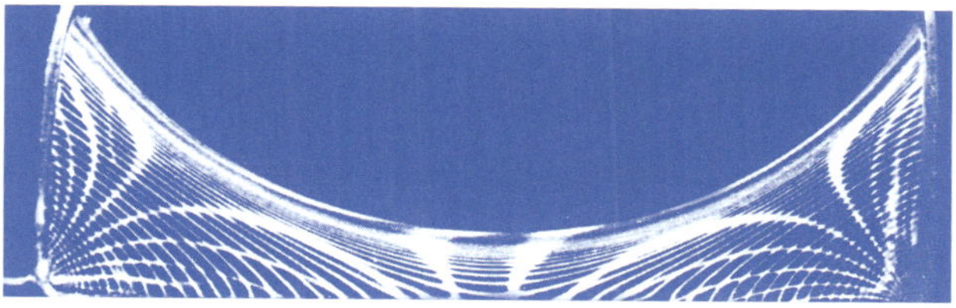

160 薄膜弹性偏光试验

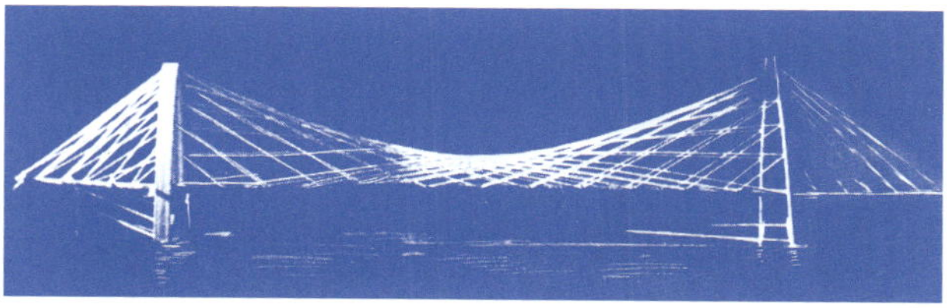

161 网状吊桥模型

模仿。试看海生动物的贝壳并不用什么模型板，而是直接从海水中提取原料，在海水的常温和浸润状态下，随着身体的长大，形状趋于复杂；并由功能的要求，可以是外部粗糙，有防御的凸刺，内壁肉润，或内外均光润无瑕，彩色缤纷自然成长的贝壳，经历数千年亦未见分解。可见模仿自然尚需深入一步，要对自然物的形成过程加以研究。在海水中置以阳极及阴极，通以微弱电流，引起化学反应，则海水中的钙离子、镁离子就会在阴极处生成碳酸钙和氢氧化镁。其组成与贝壳和珊瑚极为相似，故称为“贝壳水泥”。它具有致密、坚硬、附着强度高、经久耐用等优点，对其剥落部分，通以电流即可修补，最适用于防波堤栈桥桥柱以及海中构件的加强和防腐蚀，几伏电流就可以在 3 ~ 4 个月形成 1 厘米厚的贝壳水泥。

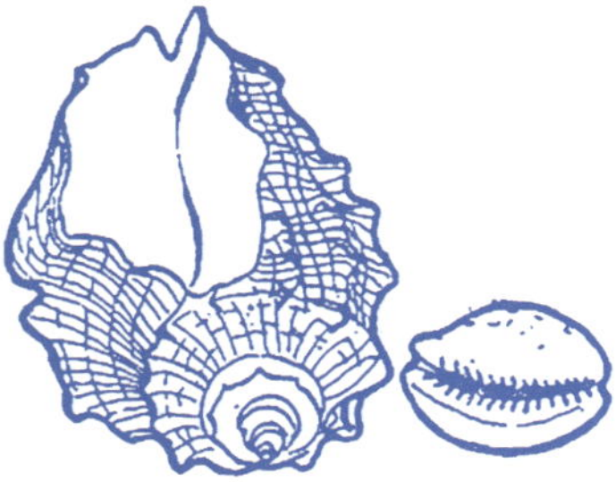

162 贝壳

桥梁之美

IV

建筑是科学也是艺术。建筑物的每一部分都需要有合理存在的理由。科学可以通过设计计算用数字表达出来，并有一定的极明确的法则或规律。而建筑艺术和科学技术的规律不相同，不能用确切的公式进行计算，也不能用确切的数字说明。历史上曾经有过企图用数字来说明建筑美的很多提法，迄今为止，都变成一大篇无用的数学游戏。

前述关于形式和内容、真和美、实用经济和美观的统一，都是取得桥梁建筑美的基础和必要条件。在这些基础上，设计出主体美丽的桥梁，不宜用附加建筑或无节制的装饰去掩饰不美观的桥梁设计。

下面笔者就桥梁建筑美的问题谈谈自己的浅见。

形式的运动

桥梁建筑艺术是实用造型艺术。建筑是立体的构造，视觉去接受建筑物是在透视的角度下视线随建筑物的轮廓线移动而进行。历来的美学便从分析形式的基本的线和形开始，而这些线和形往往使人浮起一些联想，并有一定的生理反应。

直线是最基本的线，在空间可以向各个方向放射，当我们看到树林里或云彩下有力照射的阳光时，常引起惊叹和愉悦的感觉。

水平的直线向远处伸展的时候，其直如矢，使人感觉到扩张的力量。

几根水平直线交会于一点，以极快的速度引人入深远的意境（图 163）。

垂直线向上伸展，常常使人感到挺拔肃穆，如欧罗巴桥的高墩垂直线条（图 164）高耸入云便是一例。因此高层建筑往往强调垂直的线条。

倾斜的线条有不同的感受。这里因时代不同而有不同经验的理解。习惯上我们对于几根向里靠拢的斜线，不论由上向下或由下向上进行视觉的运动时，都感觉到形体向上是稳定的。因为砖石结构只有向上

163 钢筋混凝土梁桥

164 欧罗巴桥高墩

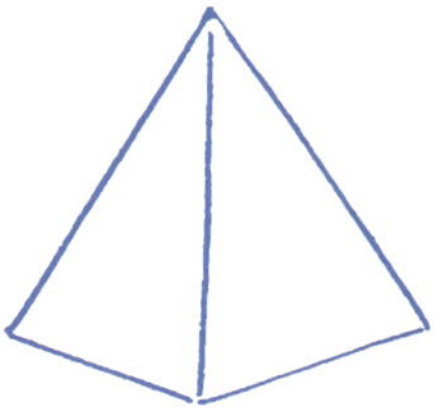

165 金字塔

166 斜桥墩
左：法国卡匹尔桥；右：英国拉根桥

收分才是稳定的，若是向外倾斜，经验比之于危墙，有倾倒的危险。所以大部分桥梁建筑的墩台都做成向里收分的结构。可是近代的桥墩台结构，为了上面承托较宽的路面，下面减小基础的尺寸，很多情况下做成上大下小的倾斜结构（图 166）。结构是稳定和有力的，可是受习惯束缚的人，有时会产生危险的感觉，认为不美。只有不断地习惯于这样的环境，对结构产生了信任的安全感，才能接受时代的审美观点。

图 167 是英国苏格兰的泰桥，42 孔全长 2245 米直线钢箱形梁，上大下小菱形的双柱桥墩，全桥给人以轻巧有力的近代桥梁艺术形象。

所有直线的线条，因为视觉运动的快速无阻，

167 英国苏格兰泰桥

168 日本某钢板梁桥

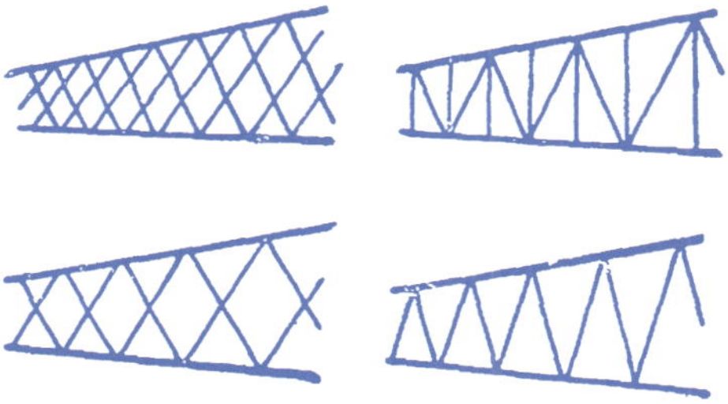

169 钢梁腹杆透视

没有变化，结合着自然界挺直的事物，象征着刚强有力，所以直线是刚性的线条。

日本有一座直线的钢板梁桥，采用了片状伸臂上大下小的桥墩。墩端和伸臂端圆端头的一致性，不但在施工上方便，在艺术处理上亦同样获得轻快和简洁的造型（图 168）。

直线而有规则的曲折也易为人所理解，特别表现在钢桥结构的腹杆上。过去有些建筑艺术家们对钢桥各种腹杆做过视觉运动上的分析（图 169）。

视线随着腹杆运动有上升和下降、直线转向的重复过程，在这一过程中，方向和腹杆长度的变化越少就越有规则，看起来越轻松，感觉上越轻快。所以有竖杆的三角形桁较之无竖杆的桁架要花费更长的时间去注视它。最简单的等长度无竖杆桁是近代最受欢迎的桁式，因为不论在结构上或建筑艺术上都被认为是最省力的。

对于钢桁的美的感受一直有争论，大部分人认为钢结构在形式上过分有力，但对于视觉来说就感觉生硬，缺乏平静。

而有些人，如工程师加特曼（Gartman），认为精致的拱桁和三弦杆的桁梁不缺乏“平静”，并且因为有斜杆系统划分的存在，桁架较之板梁更有生命力。

所谓“有力”，是因为桁架都是由直线的杆件所组成的，所谓“不平静”，是因为桁架的杆件在视觉运动中总是不断地做冲击式的转折。

加特曼从职业上的偏爱，在替桁式结构做辩护。以往的桁架杆件还没有光洁的电焊箱形杆件出现，杆件是用型钢铆合拼组而成，每一杆件本身被角钢边、缀板、缀条等撕裂成为线条的组合。再加上在透视视角下，桁架会引起极度的混乱感觉（*图 170*）。

直线运动是明确的，可是布朗运动——毫无头绪的变化方向的直线极不美（*图 171*）。视觉的运动没有规律会引起精神上的错乱，桁架腹杆绝不会如此布置。可是在透视之下，两片主桁重叠，已使腹杆系统变化规律不明确，再加上上下平联、断面联结系的参与，再好的结构形式也形成一堆混杂的乱柴堆，引不起美感。如 1961 年的英国伦考—威特奈斯连续钢桁

170 美国查尔斯顿科佩尔河桥
1920 年

171 布朗运动

172 英国伦考—威特奈斯桥

173 巴基斯坦印度河桥

174 英国福兹吊桥

拱桥（图 172）在立面布置上花费了一番苦心，采用了无竖杆三角形腹杆拱桁，造成之后效果便因在透视之下依然紊乱，故甚不理想。之后英国修建的巴基斯坦苏库尔附近印度河桥（图 173），公铁两用，跨径 254 米，虽然拱桁腹杆仍较杂乱，但轮廓清楚，形式运动尚称有力。

吊桥一般是美丽的，可是 20 世纪 70 年代英国的福兹吊桥，加劲桁的混乱程序殊出意外（图 174）。

曲线是富有韵律变化的线条之一。

在自然界，我们可以看到丰富的曲线形式。把一条绳子固定一端，另一端绕之旋转成为“一中同长”

的圆曲线。

抛射物体时物体在空间运动划动的轨迹是一条抛物线。

吊桥的吊索是较之抛物线变化更多的悬链线。

视觉随曲线运动得到和顺的起伏。

英国美学家荷加斯认为反弯曲线是最美的曲线（图 175）。因为反弯曲线使视觉的运动除了起伏之外，尚有和顺地转折的反弯点。北京颐和园的玉带桥便是应用了反弯曲线的美丽的桥梁。

175 反弯曲线

我国近现代画家吕凤子论到国画的线条时说，根据他的经验，凡属表示愉快感情的线条，无论其状是方圆粗细、其迹是燥湿浓淡，总是一往流利，不做顿挫转折，也是不露圭角的。凡属表示不愉快感情的线条就一往停顿，呈现一种艰涩状态，停顿过甚的就显示焦灼和忧郁感……

曲线是柔性的线条。

流利的线条总是使人愉快的。富有曲线的桥梁如拱桥和吊桥总比直线桥梁美。

事实上所有的桥梁都是组合着直线和曲线以刚柔的统一取得更调和的美。图 176 是 1902 年维也纳某桥头的设计，从拱到栏杆立柱，富于曲线的美，给

176 维也纳某桥设计
1902 年

177 美国普林斯顿某私人木拱桥
1942 年

人以文静幽雅的情调。

但过分强调曲线，结构便显得柔弱。

至于图 177 是 1942 年美国普林斯顿某私人的小木拱桥，跨度虽然不大，以拱矢较小的扁平拱，很明朗地将推力传到桥台，近于直线微弯的桥面和简单坚劲的木制框架式吊杆，桥梁虽小，刚柔相济，美而有力。

在“桥头建筑”一节里已论及了形式的运动。19 世纪末 20 世纪初，当一座桥由数孔不同跨径和形式的简支梁跨组成时，人的视觉运动随桥行进时，遇到二孔交会处的墩上会产生视觉跳跃的感觉。若是拱桥，则有时认为有使拱轴突然转向，产生“冲击”的感觉，需要插入一个建筑物使之协调。用当时的术语来说则是“在形式变化支离破碎的地方，插入一个过渡的、镇定的、纯化的单元，使运动有所改善”（图 178 之 1、2）。在“桥头建筑”一节中已说明了采用不同风格的建筑来取得视觉运动的协调，是极不上算

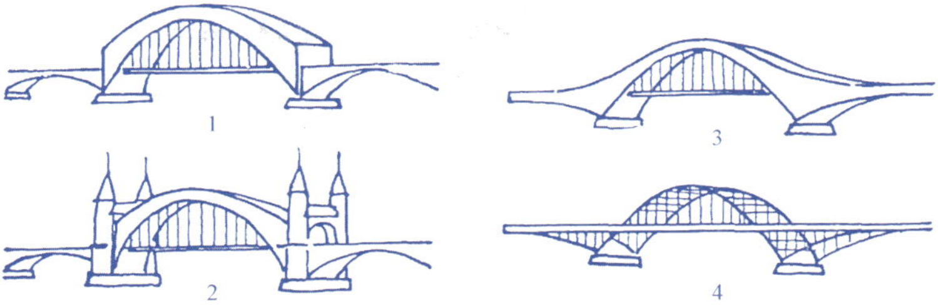

178 桥式运动

的。这也是由于当年对连续结构的分析、制造、安装等技术不够成熟，使梁部建筑的选择受了限制，为了遮蔽支离破碎的交会处所采取的不得已的措施。这种历史的限制却被空虚的建筑术语掩饰起来了。

桥是路的延续，桥形式的运动沿着路的方向也宜以连续为主。相同材料的主体结构应尽量采用连续形式的结构，所以近代的桥梁如巴拿马运河桥、博德曼桥、弗利蒙特桥等是解决连续的形式运动的经济、合理、美观的做法（图 178 之 3、4）。

国内有些桥梁，尤其是铁路桥，虽然在梁部用了栓焊等新技术，然而极不注意形式的选择。如内昆线拉旧大桥，一大一小不合比例的视觉上不平衡的主跨，正桥引桥高低不一，柔性拱和端斜杆不和顺的转角，对钢和钢筋混凝土结构的不同性格缺乏界分和连续等，使桥的形式运动的连续性极度贫乏（图 179）。

再研究一下所谓拱在桥墩上的“冲击”转向需予以“镇定”的问题。采取的措施是加强桥墩上的体量，使视觉在桥墩处停留、延缓。在近代强有力的技术和

179 拉旧大桥

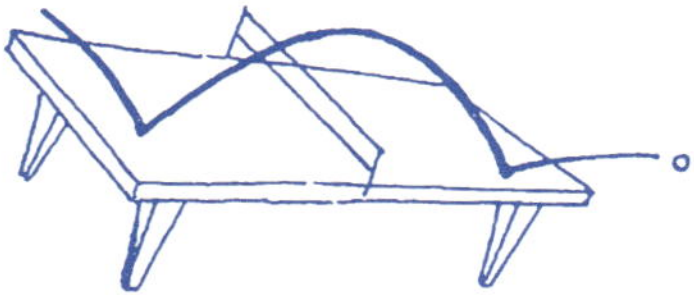

180 乒乓球轨线

运动力量感染下，拱脚可如乒乓球一样，以有力的弹跳做形式的运动（图 180）。弗利蒙特桥可为典型的例子。

1933 年美国加利福尼亚的克里克拱桥（图 181），拱脚已有力地撑在峡谷的岩坡上，但拱脚处尚有加强和镇定的柱，在结构上浪费材料，对桥的连续性起不良的作用。

1940 年美国哥尔区拱桥（图 182），拱脚处柱和拱上柱同样粗细，桥简洁明了，对连续性较为有利。梅拉尔设计建造的瑞士苏黎世萨吉纳桥及弗雷西内设计建造的瑞典塔伦勃桥等都是极为美丽的桥梁。

虽然如此，也不能矫枉过正地一概否定拱脚处柱的加强。如当基础的重量不足需加压时，或引桥和正桥结构形式风格不同时，拱脚上柱的比例和尺度适当，也可以取得协调美丽的形式。

前面已屡次提到近代审美观点着重于轻巧和简

洁，这二者是时代发展必然的结果。

在材料的强度越来越高，并能充分发挥其作用，选择合理的结构，掌握了有难度的施工技术情况下，桥梁建筑反对用肥梁胖墩，而趋向于形式的轻巧。

人类向天空、宇宙发展，不轻者不能上天，这也影响了地上建筑物的造型，人们乐于应用轻巧的形式。

美的基本条件是真，以及形式和内容要求统一。无助于桥主要内容的东西并无太大的必要存在，也没有必要附加一些不必要的功能。排斥一切不必要、无节制的装饰，其结果是获得了简洁。

现在的时代是处在速度提升、物质和精神生活十分复杂的环境之中，围绕在人周围的一切建筑物、交通工具、生活用品等都务求简洁、明快，使环境更加清新。

如拱桥结构，由于采用了预应力梁和拱的结合，拱上梁跨增大，减少了拱上柱。又因在拱腰部分有集中力，使拱的变形最小。例如德国乌柏峡谷桥便只有两根拱上柱（图 183）。而意大利的阿诺桥（图 184），约中间 1/3 处的拱上直接作为桥面，两端的梁亦搁于拱腰。引桥为独柱，但拱两侧则为双肋，形成虚和实的对比。两座桥造型简单有力而美丽。

20 世纪中期以后，建筑艺术造型才逐步趋向于轻巧和简洁，至今已取得了可喜的成绩。

轻巧的对立面是笨重，简洁的对立面是烦琐，极端的烦琐便是混乱，所以在桥梁建筑的形式选择中

181　美国克里克拱桥

摄影＿唐韵

182 美国哥尔区拱桥
1940 年

183 德国乌柏峡谷桥

184 意大利阿诺桥

185 委内瑞拉马拉开波桥主墩

186 阿根廷巴拉那河桥

要自觉地注意避免笨重和混乱。

设计者和决策者常注意到图纸上用线条构成的桥式造型，而当桥建成之后有时会发现立体构造不是那么一回事。所以凡是建筑，包括桥梁建筑在内，研究形式需用模型和模型照片，从各个角度来观察。

莱翁哈特曾指出：马拉开波桥在正立面上是比较轻巧的，可是透视之下，侧面墩上的 X 形支柱用整板建成，体量上显得笨重（图 185）。1973 年阿根廷的巴拉那河桥是类似的结构，墩上便改为分离的斜撑，取得了较为轻巧的效果（图 186）。

为了获得轻巧，除了采用较大的跨径，尽量采

187 德国杜塞尔多夫北桥（饰带）

188 钢板梁伸臂

用受拉杆件为主体的桥式（如吊桥、斜拉桥）、以钢索为吊杆的系杆拱等外，建筑细节上也要采取一些相应的措施。

栏杆要轻。在栏杆扶手中设一根钢丝绳，当遇到车撞栏杆时仍十分安全。

桥面板的伸臂较大，伸臂端高度较低，并刷成白色，在阳光之下伸臂的阴影烘托出一条薄而轻巧的“饰带”（图 187），是获得“轻巧”的措施之一。

为了避免混乱，尽量少用零碎的杆件，如钢板梁边的托架，亦采用板式伸臂（图 188）。

双面结构的桥梁，两片桁或拱，甚至吊索，在

189 德国林登威格桥

190 德国汉堡新柯尔勃伦高桥

191 日本丰里大桥
1970 年

透视时极易造成视觉运动的混乱，所以现在也多采用单片结构。如德国的林登威格桥（图 189），跨度 60 米，桥宽 6 米，钢筋混凝土梁支承于单片钢拱肋上。钢拱的稳定和桥上的偏载都靠梁的抗扭刚度来承受。此桥没有杆件的交会问题，轻巧简洁，以极明确的形式跨过峡谷。

扇形、放射形的斜拉桥，用双面吊索时，透视易造成混乱；采用 A 形塔的放射形斜拉桥，如德国汉堡新柯尔勃伦高桥（图 190），要稍好一些；而竖琴形则影响较小。单面的斜拉吊索，自然最为简洁。

节奏和韵律

建筑史上曾经对建筑和音乐的关系问题进行过争论。维特鲁威早就朦胧地从建筑引申到音乐。19世纪末到20世纪前半叶，建筑和音乐经常被相提并论，甚至有“建筑为停滞的音乐，音乐是流动着的建筑”的说法。反对者虽然承认二者和一切艺术一样是从外部世界引导而来，但认为音乐和建筑面对着完全不同的形象材料，完全不同的任务和目的，其逻辑思维又不相同，将音乐和建筑相提并论是不恰当的。

把音乐和建筑完全等同起来，或在某些形式上等同起来是不对的；然而不承认两者有艺术规律上的共同之处，那也是片面的。

宋代画家郭熙所著《林泉高致》在谈到触类旁通的问题时引杜甫的说法：“……此怀素夜闻嘉陵江水而草圣益佳，张颠见公孙大娘舞剑器而笔势益俊者也。”

嘉陵江水声是天籁的一种，也算是音乐，何以能使草书有进步？舞剑器是合着音乐舞蹈的一种，又何以能使书法艺术更美好？

“浏漓顿挫，独出冠时”，“㸌如羿射九日落，矫如群帝骖龙翔。来如雷霆收震怒，罢如江海凝清光”。这是杜甫形容公孙大娘舞剑器的诗句。怀素的草书真迹今天尚能见到，公孙大娘舞剑器浑脱的姿态是看不到了，但二者之所以相通，实在是由于节奏和韵律的气势。

192 连地黄河桥

193 大江口桥

可见节奏和韵律并不是音乐所独有，乃是来自于自然，扩展于所有的美学领域的。

音乐中的节奏是一个较长音和较短音的组合，是强和弱、紧张和缓和、上升和下降的交替。节奏和韵律是有时间感的。

建筑要求观赏者在空间移动，从各个不同的角度进行观察以便掌握全貌，这样也就造成了时间上展开的一连串相互更替的形象。

桥梁建筑极富有节奏感。

等跨连续的梁式桥两个墩子之间便是一孔梁。视觉运动随着梁做快速移动，到桥墩处做短暂停顿，梁和墩有节奏地交替。但如梁部没有变化，桥墩形式也是简单的结构，虽然有节奏，却是单调而平淡的，一如我们静听钟表的“嘀嗒”声音。例如图 192，桥除在尺度上引起雄壮和力量的感觉之外，韵味上是极不够的。一样是梁式结构，大江口桥 31.7 米的鱼腹梁，和墩顶有轮廓和阴影的变化，虽然节奏仍极简单，却增加了一些形式的韵味（图 193）。

194 美国纽约跨线桥
1930 年

195 意大利莫兰第设计的栈桥

196 法国圣米舍尔桥
1961 年

一座连续的钢筋混凝土拱桥，主孔仍是虚实相间有节奏的结构，视觉运动除了节奏感之外，随着拱肋做有规则的升起、降落和弹跳地前进，再加上大拱上的小拱细密的节奏，小拱柱有规则的高矮变化，除了节奏之外，这里便存在着韵律（图 194）。

除了拱以外，直线的桥梁亦能造成有韵律的桥式。如莫兰第设计的栈桥（图 195），桥的锚孔、伸臂、悬孔，适合结构弯矩图形，做变化的梁高和多柱式的桥墩。这是一座节奏明朗、韵律有力的设计，是结构经济合理，注意了美的规律的一个例子。

在音乐中，韵律表现为一系列抑扬顿挫的音调、旋律。

节奏和韵律的关系是，韵律总有节奏，节奏可以离开韵律。仅有节奏，不称其为音乐，美就没有深度。

1961 年法国圣米舍尔桥（图 196）是弗雷西内的设计。他用另一种结构形式解决了梁墩结构的节奏和韵律单调问题。他采用几孔带短伸臂的斜腿刚构组合成一座桥。刚架桥面是挺直的“饰带”；刚架下缘以扁平的长短波运动前进，在遇到墩上斜腿时有力地指向水面，由于特别注意设计的墩上结构，使斜腿和顺地转向上行，继续随梁前进。桥跨以一大一小，一上张下收、一下张上收的空间有节奏地运动。若和水中倒影合起来，V 形成为 X 形，梯形化为六角形，又是一番景象。这和音乐中的抑扬顿挫的韵律，书画中的疏密、让就、刚柔、张敛等的韵律，有异曲同工之妙。

在大跨度桥梁方面，我国习惯于布置等跨的桥梁，或是插入一联较大的梁孔，不注意桥在节奏韵律上的变化。1972 年丹麦大带海峡 600 米斜拉桥方案

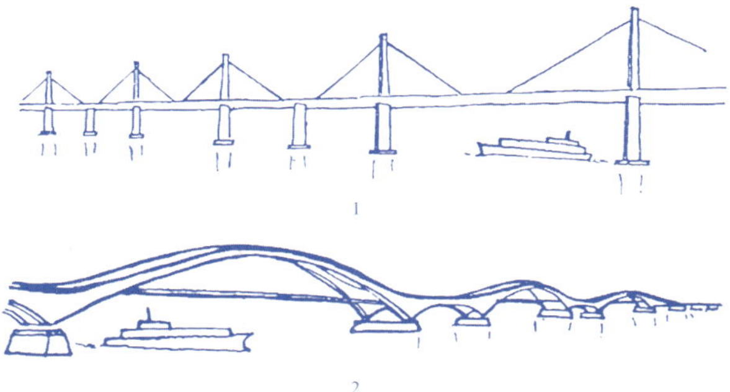

197 大跨度桥梁方案

1. 丹麦大带海峡桥方案；2. 长江某桥方案

以三孔一联作为一组，数组组合成全桥。桥面呈强有力的直线，桥面以上轻巧的斜拉索以纤细刚强的线条运动，桥面以下形成“一虚三实”的节奏。笔者布置的长江某桥方案，是伸臂箱形系杆拱和悬孔的方案，共三组组合成全桥。桥微弯地伸向对岸，拱的旋律在桥面上下矫捷地波浪式地运动，桥下跨径以“一虚二实”的节奏行进。两个方案都是试图在结构合理的基础上考虑桥主体合于美的规律（图 197）。

事实上一座建筑物，其主体结构布置与各项细分部的设计构成复杂的体量组成。各部分形式的运动，构成类似音乐逻辑中的复杂的调式。

试看两座特别的桥梁。

图 198 为法国圣・夏玛斯铁路高架桥，套叠着两组连续石拱，组成特殊的结构构造。旋律线虽交叉进行，但形式相同，节奏是单调的。

1897—1898 年德国的松威台吊桥（图 199），以柔性拱刚性梁做加劲梁，跨径 43 米 +86 米 +43 米，

198 法国圣・夏玛斯铁路高架桥

199 德国松威台吊桥

则是两根旋律线的组合。

这两座桥或可类比于音乐中的复调音乐。正在那个时候，音乐和建筑是同一的论调极高，也许设计者有意识地在建筑形式中表现音乐逻辑。其实这样的布置不论在建筑或音乐中都是应尽可能避免的。建筑中希望每一个建筑物突出一种形式；音乐中一个调式希望有一个主旋律，在曲调的行进中围绕这一主旋律做变化重复或模进重复。这两座桥并没有真正地体现韵律的运用，因此只是昙花一现。俄国人克列伏松（G. G. Krivoshein）在 1925 年于美国建议用与松威台吊桥相似的吊桥和桁拱的组合，始终未被采用。

建筑中各部分韵律的变化长期受人赞赏的是哥特式教堂。哥特式建筑的组合，每一柱把拱肋的线条传递到基础，一组一组地越向下越集中。如以相反的方向看，则以它们苗条的直线向上飞升，开花似的分布为互相编织的拱肋（图 200）。

这种互相关联的韵律，无休止地在柱、拱、窗户、

200 教堂的韵律

201 德国劳顿开兴吊桥
1941 年

塔、小尖塔和扶壁中不断地变化和模进重复，取得中国艺术中“紧劲连绵、循环超忽”的意境。

有意识地在桥梁建筑艺术中运用韵律的变化，如 1938—1941 年德国的劳顿开兴吊桥（图 201），以板梁的加劲肋、吊索下的吊杆、吊塔柱的竖向加劲、吊塔柱顶横梁的加劲肋，构成韵律线的变化和模进重复，虽然主旋律是简单的，桥在适合于近代轻巧简洁的要求中取得建筑的韵味。

中国画的画法中极注意美学上要求的各种对立和统一，其中最主要的是虚实对比，认为“气韵自然，虚实相生是画的神髓”，在虚实中取得气韵。简单地解释，气就是气势，韵就是韵律。画家在落笔渲染、勾勒、粉饰之外，不着笔处也是画面的主要组成部分，所谓“以虚运实”，“以实求虚，虚虚实实，是为上上”。画法上的虚实尚包括有烟光明灭、云影徘徊。自然界和建筑中的虚实总有些不同，不过建筑中注意

202 日本公路桥竖杆开孔

203 韶山灌溉渠 14 处渡槽之一

虚实的关系，也同样是气韵生动的极重要部分。

桥梁设计时应注意主体和细节由实——结构布置，所产生的虚——空间划分的结果和关系，以求取得节奏和韵律。在圣米舍尔桥中已看到虚实的变化。圣米舍尔桥由实体的斜腿刚构，勾勒出扇形、梯形，与倒影呈 X 形、六角形的虚的画面（图 196）。日本一公路桥钢拱吊杆上圆形的开孔，透视下甚富有节奏和韵律（图 202）。这两座桥是从主体布置和细节设计中成功处理虚实关系的作品。

近年来我国大力兴建农田水利，修建了不少灌溉渠所需要的桥梁。图 203 是韶山灌溉渠 14 处渡槽之一，在为数众多的渡槽之中它不论在结构上还是建筑艺术上都是很成功的。渡槽是槽形薄壳，支承在气势磅礴、弹跳有力的高连拱上。两拱肋间及拱上柱间的框式联结所划成的空间，构成节奏和旋律的变化。再加上河中倒影，虚和实、动和静的对比，是一幅很美的画面。

建筑是立体的。一个立方体是有六个面的六面体，角锥是四面体。当立体中一个方向的尺度较其他

204 德国滔依费尔峡谷桥

205 梅拉尔薄板结构拱

两个方向要大得多时，立体即为杆件；反之，一个方向的尺度较之其他两个方向小得多，立体便成薄板。以板组成拱和拱上柱结构的，如德国滔依费尔峡谷桥（图 204）是比较简洁明了、节奏清晰的布置。可是罗伯特·梅拉尔运用板作为结构设计的单元，布置更为灵活（图 205），富有节奏和韵律。应用薄板结构于桥梁使桥梁摆脱传统的厚拱和杆件系统的布置，开辟了建筑艺术新的趣味。本来薄板作为建筑单元不过是杆、面、体或一维、二维、三维空间体积重点地强化其一

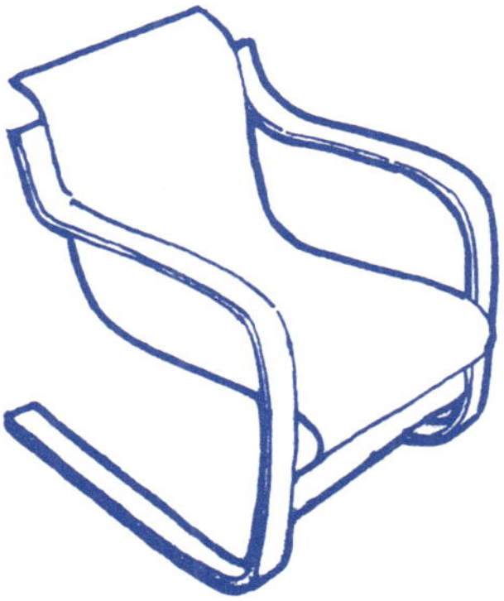

206 薄板座椅

种而已，是创新但不是神秘的事。可是建筑师雪葛弗立·吉丁在介绍梅氏的桥式时，把梅氏的作品和立体派画家们在我们看来是莫名其妙的所谓互相渗透、融合、光的拉力等用几块平面构成的图画等同起来。假如以梅氏的桥式去解释立体派的图画，不见得会使立体派图画增加艺术性。用立体派图画去解释梅氏的桥式是完全背离梅氏的创作精神的。倒是吉丁介绍的建筑师阿尔托用薄板弯制成的家具可以作为梅氏桥式的类比（图 206）。板作为建筑单元是材料和技术发展的必然结果。没有钢筋混凝土结构的可塑性和对其性能的充分认识，不会产生薄板桥。没有延压材料和成层板，不会有阿尔托的座椅。

板作为建筑艺术中新的美的基础，主要是避免了杆件系统在透视中的混乱。板或面的造型、位置、朝向，构成不同的光影、虚实或质感的节奏和韵律。

从平面板，必然会联想到曲面的建筑造型。

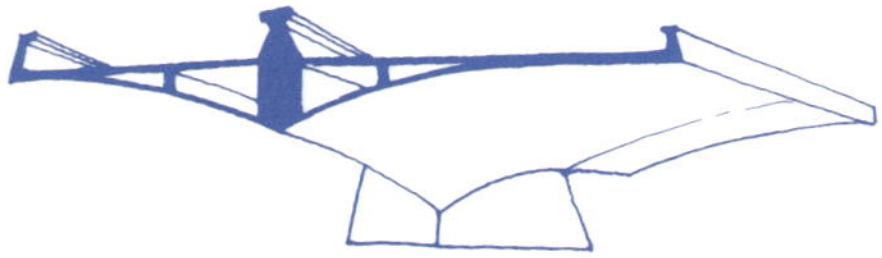

207 蝴蝶式桥断面

208 美国威斯康星河桥方案

209 英国卡姆河桥
1960 年

1947 年建筑师赖特（Frank Lloyd Wright）设计美国威斯康星河桥，其主伸臂梁及薄壁设计被称为“蝴蝶式”的桥（图 207、图 208）。其结构布置并不十分合理，但它从外形上看是由各向的曲面和平面组成的混沌一体、富有节奏韵律变化的桥梁。

1960 年英国卡姆河上建造了一座小跨度的刚架桥，实体截面，抛物线的曲面，体现了赖特的建筑艺术处理（图 209）。

节奏和韵律的变化是无穷的，趣味亦不相同，就像创作新时代的音乐和歌曲一样。新的富有韵味的桥梁有待我们去创造。

多样性的统一

置身于单一环境之中立即会感觉到无聊，长期置身于虽多样可是没有变化的环境之中，也会觉得厌倦和不愉快，甚至产生空虚的感觉。

多样性的重要性是极容易为大家所理解的，困难在于既是多样的又要是统一的。设计者的目标是创立起复杂而和谐的统一体。

桥梁建筑领域里，特别是铁路桥梁建设中，往往在一座桥中，集中了上承梁、下承梁、板梁、桁梁、实体墩、排架墩、刚构等不同的结构，如果缺乏统一的手段，会使作品具有很低的审美价值。

张彦远论画的六法时说：“焕烂而求备”，“错乱而无旨”。把什么东西都堆在一起，就缺乏主题、杂乱无章。

1904—1906 年号称当年世界最大跨径的石拱桥，90 米的波拉伍奈桥（图 210），大拱之上开有圆不圆扁不扁的 3 个孔，一条断而不连的横带上叠半圆形的小拱，小拱以上则是琐碎的檐口，桥上却是轻型的栏杆。从结构角度看，该桥并未做不真实的掩饰，并且虽不彻底，但总是在企图减轻重量。可是从审美的角度评价，该桥就显得风格不统一，形式虽多样而凌乱，视觉运动断续而不连贯，是一座丑陋的桥。

在一座桥梁建筑中，如何理解多样性，又如何理解统一？

210 波拉伍奈桥
1906 年

16 世纪建筑师亨利・沃顿（Henry Wotton）认为建筑有两个相反的性格：统一和变化。他说："实在的，没有一个建筑物能比得上人体的统一，可是人体是无穷不同的部分构成的。多样并不破坏统一。一个好的建筑物的标准，虽则变化，然而和谐……"

百花齐放，并不要求一株花木上开百种花卉，而是百种不同的花卉点缀百花的园地。在每一种花木上则有红花绿叶的统一，有含苞、初放和盛开的花朵，嫩黄、浅绿与墨绿的叶片，有直干、斜柯和细枝等姿态的变化。从变化和统一之中产生和谐，产生韵律。

阿尔伯蒂论述："和谐的效用和目的——整理那些性质上不相同的各部分，使它们从不合适的关系变为彼此互相适应，创造了美。"

1908 年瑞士的葛蒙台托贝桥是一座钢筋混凝土拱桥（图 211）。主拱之上乃梁柱式结构，引桥则是满腹式高拱。虽是多样却不甚和谐。至少可以感觉到，

211 瑞士葛蒙台托贝桥

212 葛蒙台托贝桥改进设想

当我们的视觉从引桥引向正桥时，桥面线运动不连续，引桥拱和主拱上柱疏密变化突然，节奏不协调。虽然有一个界分的粗墩，但主要是缺乏联系和统一。

有两种不同的处理方法（图 212）：一种是捷克博独尔斯各桥的方法，将引桥的拱引到主拱之上；另一种方法是将主拱上柱引到引桥，一如美国的哥尔区拱桥（图 182）。这样处理是不是统一而多样性不足呢？主要看对多样性的理解。主拱和小拱或梁柱已是结构上的多样性；主孔跨越峡谷在运动中一如音乐中旋律线的高潮，图画中的情趣点，在和谐之中富有节奏和

213 湖南罗依溪大桥

214 广西阳朔桥

韵律的变化。

中华人民共和国成立后，尤其是近年来修建的双曲拱桥中不乏布置合理又美观的桥梁，但也有建筑艺术处理方面尚可商榷的例子，如湖南省罗依溪大桥（图 213）。桥远处二孔是带半拱波的双曲拱肋，大拱之上是小拱拱波。近处大孔不带半拱波，拱上柱为梁柱式。因拱跨不一，墩上拱脚高低不齐，高墩在高度范围内变化突然，体量轻重悬殊，造成形式运动的连续性不足。

大小孔相连的双曲拱桥如广西阳朔桥（图 214）。

215 立体交叉桥之一

桥拱脚相齐，拱上结构统一，有和谐的外形。桥处在“甲天下”的阳朔山水之间，用民族形式的桥式，建造在当地人所喜爱的“水似青罗带，山如碧玉簪”的诗情画意的环境之中，建筑与环境也是统一的。

一座桥中结构的多样性有一定限度，即使有限的多样亦须注意其和谐，并根据一种结构在不同部位结构功能的不同，处理好线形、虚实、光影、刚柔之间变化的多样性，以丰富桥梁的艺术形式。

在复杂的立体交叉桥中，更要注意多样的统一。

图 215 中右边部分结构是主梁支梁的双柱式，左边部分及右边斜穿的结构是板式桥独柱结构，虽然结构形式上没有太大矛盾的地方，统一性上尚嫌不足。

图 216 的立体交叉桥以一种基本统一的结构形式分别处理高柱、低柱、偏心柱、门式柱、独立柱等复杂的结构，整个画面层次虽多但并不觉得杂乱无章。

南京长江大桥公路与铁路分岔处的几座双层桥

216 立体交叉桥之二

217 瑞典钢管拱桥
1960 年

墩，注意了公路引桥和铁路引桥桥墩形式在此处的统一，效果尚称满意。严格说来，公路引桥由双柱式桥墩转变为双曲拱桥是比较勉强的，缺乏一定的过渡，多样而不够统一。

1960 年瑞典建成恩斯科洛夫约拱桥（图 217）。该桥以钢管拱著名。设计者注意了全桥建筑艺术各部分之间的统一性。所有拱上柱、引桥柱都是圆柱。路面弯道曲线、竖曲线、拱轴线和圆柱的曲线，极富于节奏和韵律。设计布置的缺点是拱上柱过于纤细，桥造成后发觉振动较大，又予以加强。引桥桥墩双柱顶部的横梁到拱脚柱处突然升高，使这一组的旋律突然消失。拱上柱过于纤细从建筑艺术的效果上看亦使形式的运动由引桥到拱脚柱后，突然下降到拱脚。看来如果拱上柱的尺寸略加大，于建筑及结构都有好处。

正、引桥两种不同材料需在色彩和质感上求得和谐。为了取得突出正桥，以及正、引桥视觉运动的连续性效果，正桥钢结构的油漆颜色如取接近混凝土本色的浅色，则比现在深色油漆的效果要好得多了。

用少数几座桥的实例，也难完全清楚地说明每一座桥主体建筑多样性统一的问题，这主要靠实际工作的锻炼。

除了主体建筑外，装饰部分亦需服从多样性统一的规律。近代桥梁因为车速较快，不宜于做过分的装饰。可是有人行道的桥梁的桥面上栏杆和灯柱是可以做些必要的装饰的。每一根灯柱的装饰细节及灯柱全体需与桥梁其他灯具和装饰统一。至于全体灯柱则不能多样，要求统一。

栏杆则不一样。栏杆是和行人最接近的建筑部位，不能使栏杆毫无变化、枯燥无味。卢沟桥上栏杆望柱石狮子，子母抱负，形形色色，数也数不清，变化无穷（图 218）。但是它们的部位、轮廓、尺度和造型都是统一的。德国慕尼黑的马克雪密立安桥栏杆栏板的石刻花饰图案也是每块不同。武汉长江大桥正桥栏杆，每隔 8 米有一块铸铁雕花栏板。变幻无穷、深远莫测是艺术的妙谐。花板花式的最少数量要使一般行人看了前面忘了后面，取得无穷的多样性数不清的效果。武汉长江大桥的栏杆花板（图 219）取“百花齐放”的内容，具体用各种不同的花木和若干善鸣的虫鸟图画来表达。

要求每一座桥不雷同也是技术上进步的必然的趋势。一座桥建成，总有可以改进的地方，每一个建

1

2

3

4

5

6

218 卢沟桥石狮

摄影 _ 梁欣立

1. 金代石狮；2. 元代石狮；3. 明代石狮；4. 清代石狮；5. 民国时期石狮；6. 现代三吼狮

219 武汉长江大桥栏杆花板（部分）

桥地点，也必然有其特殊的地质、地形等条件。多样的桥梁既合乎功能上的要求，亦合乎美学上多样性统一的规律。

桥梁建筑的上部结构在某些基础条件下，只适宜几种结构形式。相同条件的一系列桥梁如何去取得多样性？如近年来大力推广的预应力钢筋混凝土箱梁桥，梁部结构做较大的变化有些困难。国外变化多端的梁桥，实际是在桥墩上采取了不少新的形式。

如图 220 德国波恩-科布伦茨九号公路联络桥，是八角形独柱的连续梁。莱翁哈特认为独柱要加顶帽，顶帽宜比梁小些，一样宽和宽些都不好看。估计其用意是取得梁的连续性。

又如图 221 意大利麦沙诺人行桥，用箱形梁、高墩、墩顶做倒三角形顶帽有机地联结了梁和墩柱。墩柱体形的设计，增加了阴影的变化，顶帽较梁为宽，是别具一格的建筑艺术处理。

220 德国波恩—科布伦茨九号公路联络桥

221 意大利麦沙诺人行桥

222 德国西北包根桥（X 形墩）

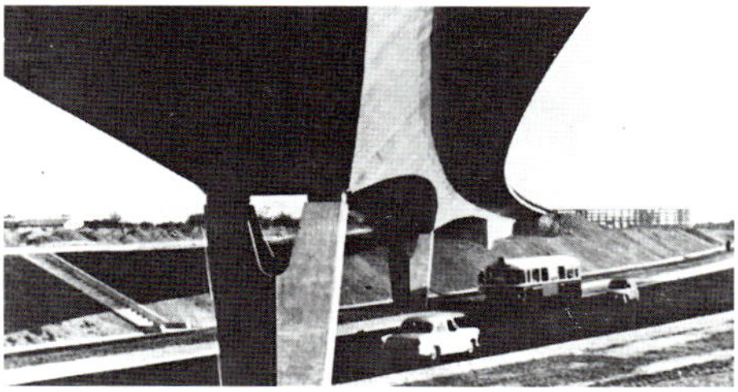

223 法国奥尔良十号桥（V 形墩）

1955 年德国的西北包根桥，并行两片箱形梁，采用双片并列的 X 形桥墩（图 222）。

1958 年法国奥尔良十号桥，下弦为圆弧曲线的箱形梁，采用了 V 形桥墩（图 223）。

法国的黎来桥为双叉形桥墩（图 224）。而英国的西奔克桥为三孔连续箱形梁，中间两个桥墩呈四叉形（图 225）。

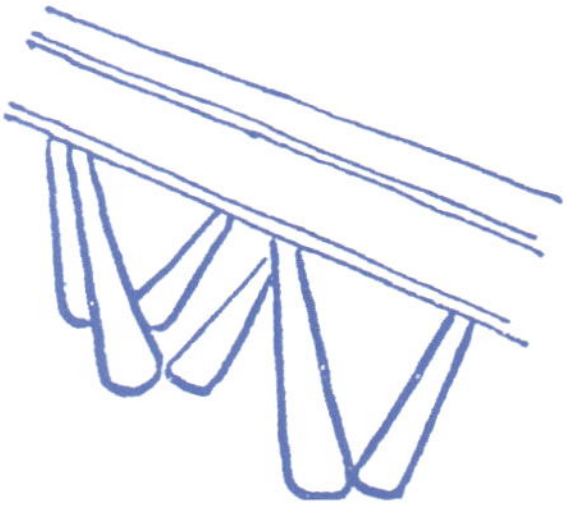

224 法国黎来桥

225 英国西奔克桥

226 德国汉诺威渔人街桥

在很多情况下，为了利用桥下空间，桥墩会做成框架式。如图 226 德国汉诺威的渔人街桥，做成独柱式桥墩。

桥墩的结构形式，千变万化，别出新意。国外乐于采用钢筋混凝土结构，不合于习惯上小下大实体桥墩的人的思想。也许有人会认为这是标新立异，可是如在减轻墩身的重量、改进结构、提高技术的基础上取得建筑物的多样性，这种“新”和“异”有什么坏处？

一种基本设想可以变化出不少类型。

意大利工程师纳尔维设计的桥梁，如 1960 年奥林匹克运动会汽车专用桥，独柱伸臂拱梁的桥墩（图 227），柱顶是矩形断面，柱脚是十字形断面，是考虑到由于柱脚力矩较大而增加了刚度。他采取模型板的制造方法，柱顶及柱脚断面边方向转化的部位用狭竖条模型板拼制，灌注成的柱在该处呈双曲抛物线曲面（图 228）。这一构思使他发明了多样直的或斜

227 纳尔维独柱墩

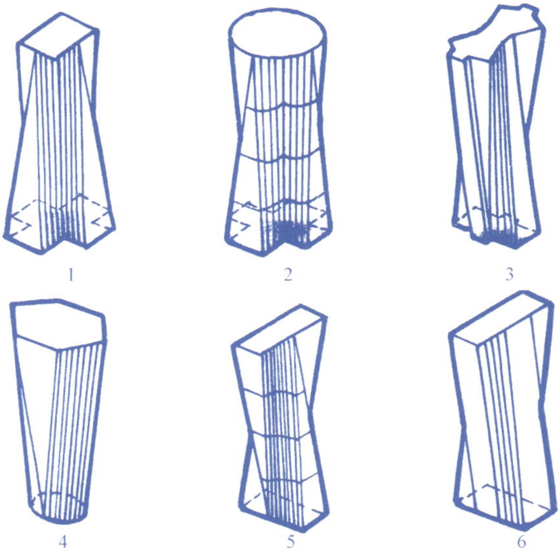

228 纳尔维各种柱式

撑的柱式。如 1961 年意大利都灵文化宫内的柱子，上面为圆截面，下面是十字形截面的柱（图 228 之 2）。美国华盛顿桥头公共汽车站柱，上截面是锭形，下截面是十字形（图 228 之 3）。澳大利亚教堂柱，上截面是六角形，下截面是圆形（图 228 之 4）。意大利萨伏拿新车站柱和罗马体育馆柱都是上下截面呈正交的矩形柱（图 228 之 5、6）。以上柱式形成了统一的多样性风格。

大规模、高速度地发展公路铁路，需要采用标准化设计。标准化设计和多样性有矛盾但不是绝对的。

标准化设计，成批制造和建设，桥式一律，便缺乏多样性。

可是在标准化设计中，多样性仍有用武之地。桥尚需根据不同条件设计多样的标准形式，如板梁、桁梁、拱、框构等，以保证具体条件不同时应用的多样化。

即便是梁桥也可以改用各式不同标准的桥墩以取得多样化。

标准化设计是相对的，它只能稳定一段时期，实际是不断地革新以求多样化。

在做标准化设计的同时，必然有不少特殊设计，特殊设计中采用成功的新技术，择优作为标准化设计的来源，也保证了标准化设计的不断多样化。

比例与对称

维特鲁威认为建筑的美首先在于“比例”。匀称是由于比例,而比例是一件东西和整个东西的和谐。他提出美丽是一致和优美，组成部分的比例不能违反对称的原则。

罗斯金在解释比例时提到比例是无穷的。他说关于比例，也许可以有一两条规则，那不过是为了避免大错误。

阿尔伯蒂声称，看起来丑的东西，正是某些比例的适合性的问题。全体与局部、局部对整体缺少了比例。

比例在桥梁建筑中是需要注意的问题。现在习惯的提法是，两个尺寸之间的相对值便是比例，如矩形长宽的比称为比例。实际上这只是比率。比例是指比率在建筑物中的重复。

后来的艺术家们把比例的外延不断扩展。达·芬奇便归纳为：比例不单是在数字和计算中存在，同时也存在于声音、重量、时间、位置和其他任何事物之中。比例的含义已和节奏韵律相渗透。在桥梁建筑部分，主要突出的是尺寸的比例。

建筑物尺寸的比例是指二维平面和三维空间各部分之间的关系。包括空间部分（虚）和实体部分（实）的比例关系，凹进部分与凸出部分、高起部分和低落部分的比例关系等。

建筑者首先按自然的规律进行建设，一旦规律被公认为美之后，这些尺寸比例便概括归纳为典范或法则。在文艺复兴的整个时期，一直到 19 世纪初期，都在追求可以达到美的比例的规则，引导出一些比例关系。由于科学的进展，砖石时代建筑物比例的美，逐渐为新建筑物新的比例所代替。探索古代建筑美的实证美学，得出美学上称为黄金比或黄金分割率的比率（*图 229*）。

有人从视觉运动来解释黄金比，如正方形的四边，视觉接触随之运动时，因诸边相等，缺乏变化，人们认为形象枯燥。1:2 或其他比率的长方形，边长不同有了变化，可是找不出第三个有机联系的关系，仍较单调。

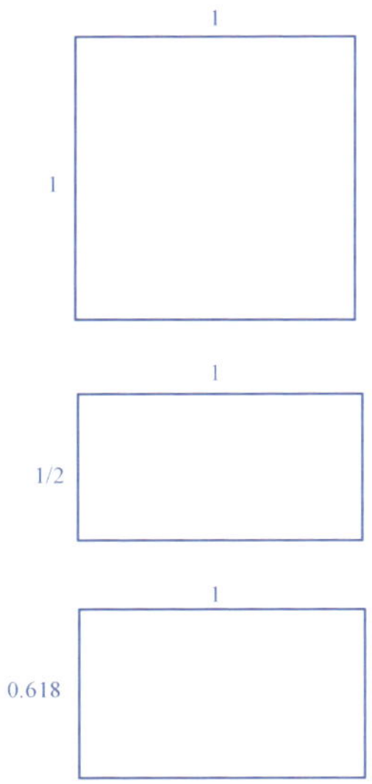

229 黄金比

黄金比的关系是：小数比大数等于大数比大、小二数之和。设大数为 1，列出算式

$$x:1 = 1:(1+x)$$

演算下去得

$$x^2+x-1=0 ; \quad x=\frac{-1\pm\sqrt{5}}{2}=0.618$$

所以黄金比的关系是

$$0.618:1 = 1:1.618$$

继续按同一关系比下去其结果相等，可至无穷。所以黄金比被认为是符合于美学中的多样性统一的原则。

因为黄金比是小数，应用上比较麻烦，意大利数学家斐波那契（Fibonacci）采用了相加级数来代替。

黄金比级数 0.618　1　1.618　2.618　4.236　6.854……

相加级数　　　　　1　2　3　5　8……

后一项为前两项的和，它们之间的比例关系，即 1:2 与 2:3、2:3 与 3:5 等并不相等，相差为 -1 或 +1，越到后面，误差越小。

匀称是古代伟大艺术家从人体上引导出来的，而后应用到建筑上。

图 230 便是用斐波那契级数分析人体、动物和其他被认为美的事物中的比例关系。

桥梁建筑方面也有人用黄金分割率来分析罗马加尔德水道桥的比例（*图 231*）。在水道桥中可以获得黄金分割率的重复，可是在分析其一孔大孔和边上的小孔时发生了困难。

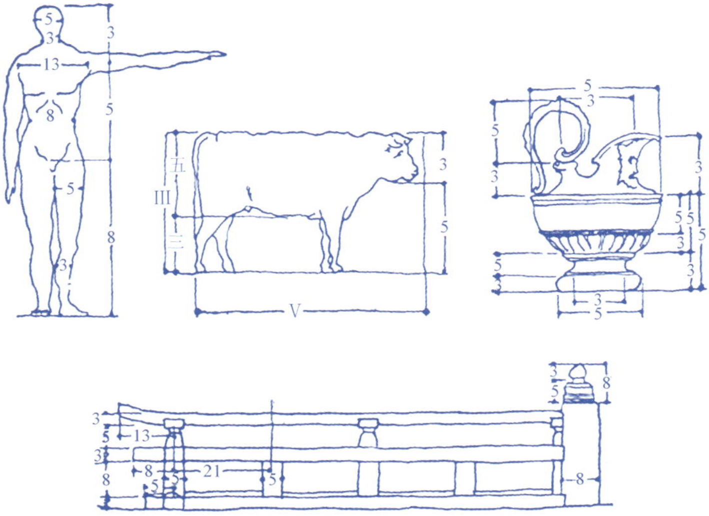

230 比例关系

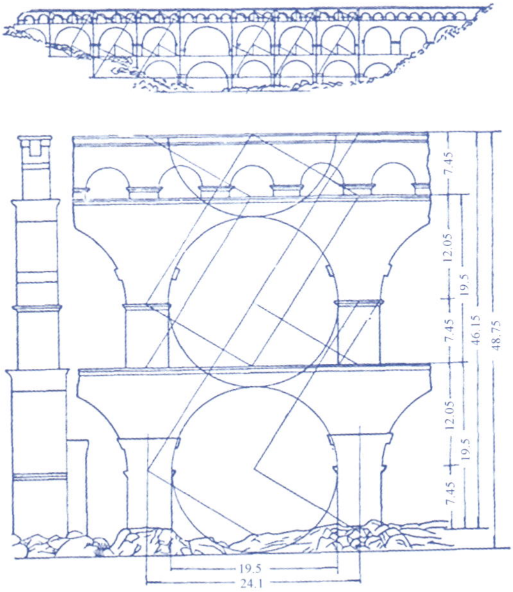

231 罗马加尔德水道桥比例分析

黄金分割率的比例重复出现要求节奏和韵律。美国艺术家汉比奇（Hambidge）布置了几种他称之为运动相似的黄金分割率的韵律布置，可惜仅为几何和数学上的技巧，在实际桥梁结构中难以应用。

究竟黄金比起什么作用？有人认为这不过是建筑历史过程中的一个流派。比例不是一成不变的，在砖、石、木结构中，在房屋建筑方面，黄金比可能尚有其用武之地，在近代桥梁建筑中应用黄金比就比较困难了。

在建筑中，很不相同的比例看起来都很美，都是一样适宜。所谓“春兰秋菊，俱一时之选”。所以导致的结论是：没有一定的比例，而是有节制的比例；没有一个真正的比例，只有一个相近和可能的比例。

桥梁建筑中各部分尺寸的比，服从于结构的刚度、变形和经济的效果较多，如梁高与孔径的关系，边孔和中孔的关系，伸臂梁伸臂和悬孔、锚孔的关系，等等。这一类的比率数值不是不变的，也随着技术的发展而变化。近代桥梁以轻巧为审美标准之一，其比率偏离黄金比甚远。虽然不用黄金比，可是比例的原则，即适当的比率在整个建筑中做韵律的重复还是值得遵守的，在桥梁艺术中，有时称之为各部相似性。

桥梁艺术中尚有一种习惯上也称为比例的桥孔宽度的相互关系。

中国古代多孔桥梁有的按比例由中孔向外逐孔缩小。清代官式石拱桥所定的标准是根据拱脚相齐的

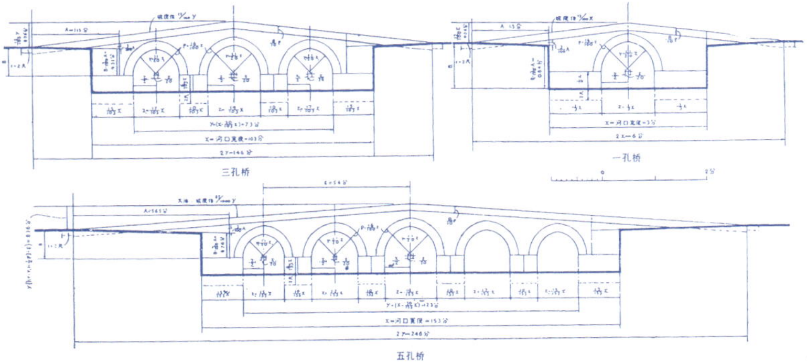

232 清代官式石拱桥各部分比例

原则，拱跨按桥面坡度下降而收分，循 13:15:17:19 的等差级数变化（图 232）。

如颐和园的十七孔桥就极富于比例韵律的变化。

西班牙于古罗马时代修建的阿尔坎塔拉地方的塔霍河桥（图 233、图 234），桥孔的尺寸是 13.8 米 +22.6 米 +27.9 米 +28.2 米 +22.5 米 +13.5 米。尼古拉耶娃分析此桥是正方形的比率，桥梁孔径是以全桥长作为直径的半圆等分角的投影。

丹麦小带海峡桥是有意识地从美学角度出发注意了桥孔比例和桁梁高度变化的设计。它的跨径布置是 137.5 米 +165 米 +220 米 +165 米 +137.5 米，大孔和小孔的差数成倍增长（图 235）。

可以看出这几座桥孔成比例的桥梁都是对称的。比例和对称有密切的关系。

比率重复的方式表现为对称，比率做对称的重复。

对称在自然界无所不在。《文心雕龙 · 丽辞第三十五》说：“造化赋形，支体必双，神理为用，事

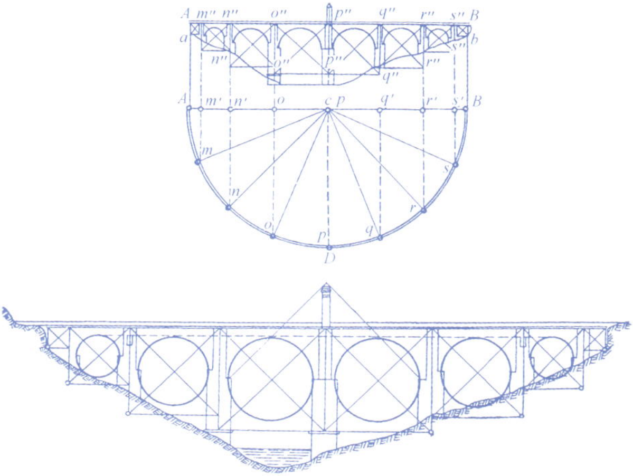

233 西班牙塔霍河桥比例分析

234 西班牙塔霍河桥

235 丹麦小带海峡桥透视图

不孤立。夫心生文辞，运裁百虑，高下相须，自然成对。”自然界现象中，物体的形象中，微观世界的构造中，无不存在着对称。人们从对称的普遍性猜想宏观世界也许是对称着的。

艺术领域里的对称，使人产生均衡安定的感觉。

习惯上人们所熟悉的对称，是指相对于一根轴线左右相同距离有一样的尺寸和形状。这样的对称仅是对称的一种。

对称可分为镜面对称、重合对称、旋转对称、体量对称和不完全对称。

人体五官四肢是对称的，那是镜面的对称。镜面对称中含有一定的和谐的比例关系。可是镜面对称的人像，比较单调、呆板，好像庙宇中的偶像。而登记照则不能称之为艺术作品，摄影中的艺术人像，往往应用其他不同的对称关系。如美目盼兮，是重复的对称；手的姿态用了旋转对称；左肩挂着背包，自然身体向右倾斜，造成了不对称的平衡；至于发型，恐怕除了朝鲜族的平分外，绝大多数采用不对称的平衡的方式。

清官式石桥那样的对称是镜面对称。以中孔中心为轴，比例的重复是左、右、左、右直到两岸。这便明显地区别于前述连续的视觉运动，从桥一端看到另一端。视觉所看到的比例逐步增长达到顶峰，再逐步下降至于彼岸。桥在中心轴有一个艺术上韵律的高峰。

图 236 所示德国路德维希港跨线桥是钢结构的斜拉桥，二孔主孔各约 141 米，以吊塔为中心，基本上是镜面对称。

桥梁的镜面对称，不仅在立面上对称于一根垂直的中心轴，并且可利用水面做水平中心轴，在波平如镜时，名副其实地产生了镜面对称。

1949 年美国建筑师兰特设计的美国旧金山海湾桥方案（图 237）主孔为 150 米 +300 米 +150 米，便是全部镜面对称的桥式。桥墩的截面形状是不对称的，但对桥主轴是对称布置。桥在平面里尚有一根对

236 德国路德维希港跨线桥
1970 年

237 美国旧金山海湾桥方案
1949 年

称轴，在主跨中心修建有 X 形的水上花园。

此桥的结构布置并不经济。主梁在平面上弯曲、跨中花园 X 形支撑都增加了结构的复杂性，后者并增加梁部的荷载。但其建筑艺术处理，不论在形式运动、节奏韵律还是比例对称方面都是比较好的。

重合对称是物体平移一段距离后便能重合。重合对称没有对称轴而有对称场，晶体结构便是如此。

桥梁建筑中除少数几个例子外不太使用重合对称，如英国的教堂场路跨线桥（图 238）是伸臂梁结构，用三孔标准预制的伸臂梁加一悬孔架成。结构制造是方便的，施工亦可顺序进行，可是当锚孔遭破坏时全桥都将受害。这是此桥结构的特殊情况，和重合对称无关。该桥在建筑艺术方面形式别致，惜实例不多。

旋转对称乃本身不对称的东西绕一根旋转轴旋转而成。日常生活中看到的风扇叶片即旋转对称的构造。

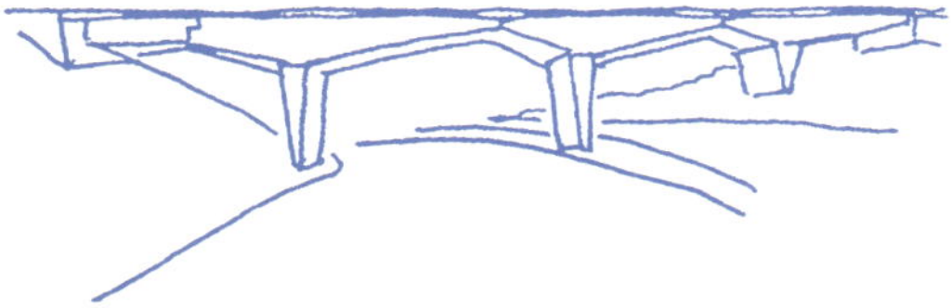

238 英国教堂场路跨线桥

239 旋开桥

若本身是对称的东西绕轴旋转成形，如雪花的结晶等，事实上是多轴的镜面对称。

旋转对称又是旋转中的重合对称。

旋转对称在桥梁建筑中，事实上也是存在的。

旋开桥可以说是旋转对称，当然这有些勉强（图 239）。

斜交桥则是典型的旋转对称结构，梁部和桥台在平面上绕分中垂直轴旋转对称。

限于地形，桥头引桥往往用曲线旋转对称形式。武汉长江大桥和南京长江大桥的引桥都是如此。南京桥的公路引桥除后加的双曲拱回龙桥外，基本上是旋转对称的。

黄浦江桥的桥头每岸仅一侧有楼梯间，就全桥而言，一左一右，在平面上成旋转对称。

1973 年完工的日本大阪千本松桥，桥头以多层螺旋引桥上下正桥，以节约引桥用地。两岸的螺旋引桥都偏于桥的一侧，如改为旋转对称的布置，显然可以改进桥的均衡和安定（图 240 之 1、2）。

在生活和桥梁实例中，我们都遇到过旋转对称，

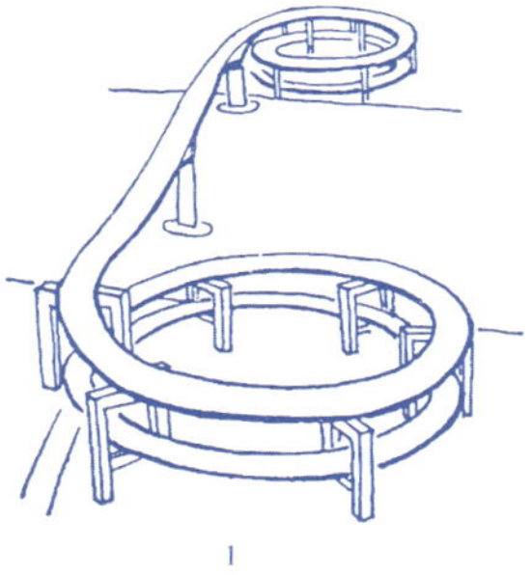

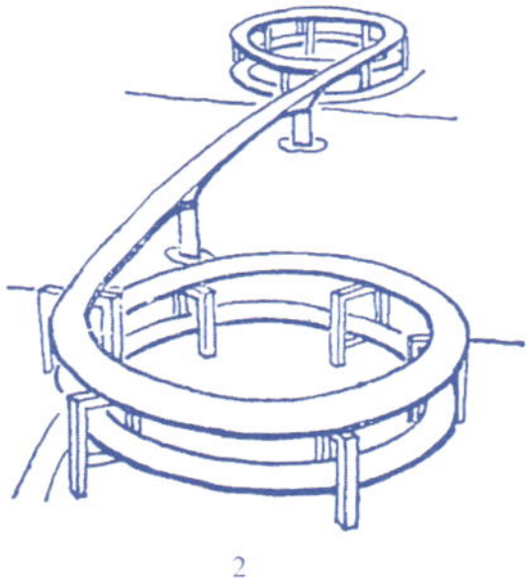

240 日本大阪千本松桥
1. 现状；2. 旋转对称设想

只是一般不注意、不熟悉而已。

建筑中常应用所谓不对称的平衡，如一边高耸，一边平铺，一边是一个大体积，另一边是几个小体积所组成，所以称为不对称（指的是形式上不成对）；既称平衡，必然在面积或体量上是对称的，因此它还是对称的一种，即体量对称。

近代斜拉桥里一孔大跨在一边有吊塔，塔另一侧是多孔小跨（图 241）。以吊塔为对称轴，大跨以梁的体量、小跨以桥墩的体量通过斜拉索在吊塔左右做体量对称。例如德国杜塞尔多夫克尼桥（图 242）、伍珀塔尔的高桥、法兰克福第二美因河桥、汉堡的攀台斯屈伦人行桥（图 243）等都是体量对称的桥式。

人体粗看是对称的，实际上并不完全对称，桥梁建筑也经常遇到这样的情况。除非桥梁体量较小，否则我们不大可能得到两岸完全对称的地质、地形和水文条件，布置桥梁时，主轴线会略偏于一岸，桥不完全对称。绝对的对称（指镜面对称）有时产生过分

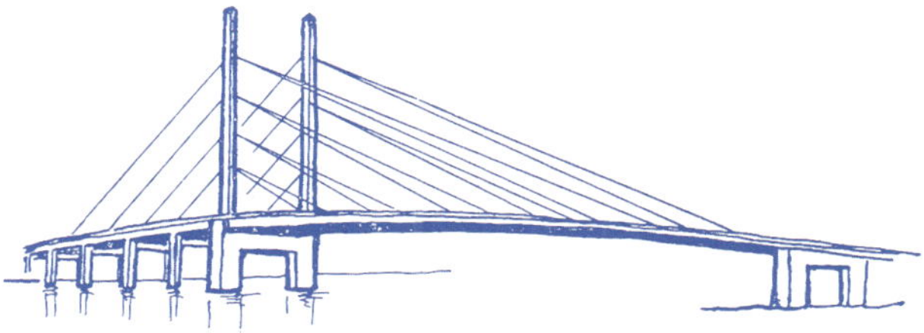

241 斜拉桥（体量对称）

242 德国杜塞尔多夫克尼桥

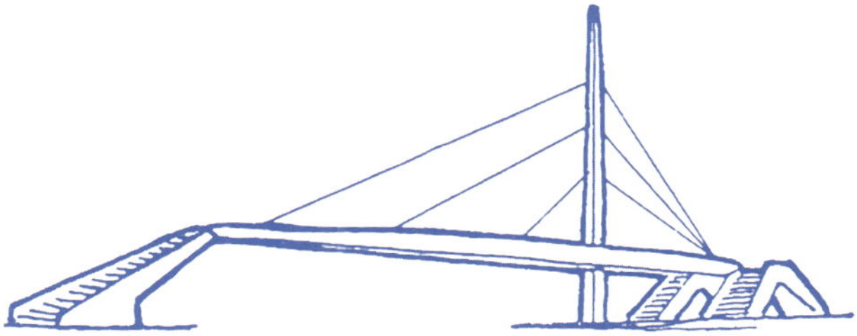

243 德国汉堡攀台斯屈伦桥

严肃和呆板的感觉。

在对称之中略有不对称之处，多样而统一，使桥梁形式更为活泼。

相对于对称的是不对称。这是指不合于上述任何类型。图 244 与图 245 是两座德国桥梁。第一座是曲线梁人行道桥，可能是立体交叉的一部分。桥式虽简

244 某人行桥（不对称）

245 赫根跨线桥（毕加索桥）（不对称）

246 立体派建筑师设计的桥梁

单，但很难理解为什么要如此布置。第二座是赫根跨线桥。桥在坡道上，似乎也没有必要做懒猫伸腰式的斜腿刚架结构。不对称便无法从比例等的关系上来分析，让人觉得除了表现结构之外，美学上缺乏动人的吸引力。但这两座桥总还符合了简洁轻巧的原则。图 246 是一位立体派建筑师设计的桥梁，无论在结构上或建筑艺术上都是不容易被接受的。

感受和联想

桥梁，也可以视为一种艺术品。

设计一座既是科学的又是艺术的桥梁，设计者要进行深刻的研究，在获得桥梁构造的各种知识和丰富的生活经验基础上，进行再造性与创造性的想象。在进行这些工作时需要运用联想。

桥梁建成之后，人们从桥梁艺术中获得美的感受。桥梁的形象，通过感官直接作用于人的意识，有些形象不需要进行更多的联想，通过经验能立即感受到美。而更深入的美的感受要通过联想。

概括起来是，创作者通过思维创造形象，鉴赏者通过形象引起思维。当然创作的思维是建立在过去实践的基础之上。

虽然是一连串的联想，可是联想到最后若是离题万里，风马牛不相及，就变成了日常生活中的胡思乱想。胡思乱想是无意义的联想，在艺术中不起作用。

最普遍的联想是类比联想。

我们知道，创新的重要来源是效法自然。薄壳结构是从观察自然界介壳或花叶等而来，但若把桥梁直接套用贝壳的形式，必然会引起笑话。我们应该从形式深入到内容，再从中吸取有价值的部分，创造出桥梁新的形式。

在歌咏桥梁的诗中下面的句子就是联想。

“势疑虹始见，形似雁初飞。”——李峤

“似开铜驼峰，如凿铁马蹄。”——苏轼

“水从玉蛛腰间过，人在金鳌背上行。”——沈勖

“龙腰撑云渔舟去，鳌背高驰驷马过。”——萨都剌

武汉长江大桥建成之后，诗人们歌颂它，有比之于洞箫、铁笛，也都是联想。

张彧的赵郡南石桥（赵州桥）铭写道：

“……虹舒电拖，虎步云构，截险横包，乘流迴透……力将崖争，势与空斗。”

这里也联想到了虹、电、虎、云几种形象，着重的却是后面的舒、拖、步、构几种姿态，最后点出与岸相争、与空相斗的桥的力量，亦即人的力量。

唐朝皮日休的黄河《河桥赋》从桥联想到政治：“……以道为水，以贤为梁。济民者（桥）民不病溺，济世者（政）世不颓纲。开之也（浮桥开启通航）通仁流义，闭之也（浮桥闭合通路）辟淫限荒”。凡是比较重要的桥梁总会引起诗人们对政治的联想，令人浮想联翩。

总之运用联想要深入类比双方的内容，只有深刻地理解了建筑物各部分及整体的内容，才有可能选择合适的事物做类比联想，并且这个联想是大家都会有的共同经历的普遍联想，而不做个人特殊经历的隐喻类比。只有拥有渊博的历史和科学知识，丰富的社会经验，正确的世界观，才能做合乎情理的联想。

在桥梁建筑艺术上，还有一个所要表现的思想感情问题。

新中国成立以来，在重点桥梁建设中，除了实用之外，桥梁还要表达社会主义美好的思想和感情。社会主义的桥梁建筑艺术的主导思想应是表现人民劳动的宏伟力量，社会主义的建筑物还要处处反映对广大人民群众的关怀。

桥梁建筑要从整体布置、主体结构上着重于如何巧妙有力地使用新时代的材料和技术，采取新颖的结构，去战胜自然界。但是一座实用的形式尚不美的桥，虽然也能产生战胜自然的感觉，所表现的却十分笨拙费力，表现不出人的无穷力量，那也不是成功之作。我们要注意桥梁建筑的美，纠正那种忽视主体结构而突出附属结构的不经济、颠倒的做法，要能以最少的材料、最巧妙的技术，获得较大的跨度，并表现桥的丰富的美的形象。

后 语

桥梁的发展已有几千年的历史，了解世界桥梁建筑艺术的历史及现状，找出实践中的主要经验教训，会对今后的桥梁建设大有裨益。

笔者认为，桥梁建筑艺术的着重点要放在桥梁的主体结构上，以桥梁的物质内容为基础，创造出清晰、明朗的形式，表现出时代的特征，而不应唯心主义地在结构之外增加许多装饰，使桥梁建筑艺术流于矫揉造作。要以最合理的结构和材料，塑造桥梁的美，做到实用、经济、美观的统一。

现代桥梁建筑艺术要反对那种呆板的艺术形式，要体现人民的精神面貌，它的艺术形象应是实用的、美丽的、健康的。

让我们挖掘前人的遗产，取其精华，去其糟粕，开创更新更美的形式，攀登桥梁科学技术和艺术的高峰。

出版说明

“大家艺述”多是一代大家的经典著作，在还属于手抄的著述年代里，每个字都是经过作者精琢细磨之后所拣选的。为尊重作者写作习惯和遣词风格、尊重语言文字自身发展流变的规律，为读者提供一个可靠的版本，“大家艺述”对于已经经典化的作品不进行现代汉语的规范化处理。

《桥梁的故事》《桥之魅》二书写作于改革开放初期，相关桥梁的数据体现的是四十年前桥梁建设的成就，此处提请读者特别注意 。

北京出版社

图书在版编目（CIP）数据

桥之魅：如何欣赏一座桥 / 唐寰澄著. — 北京：北京出版社，2021.11
（大家艺述）
ISBN 978-7-200-13489-6

Ⅰ. ①桥… Ⅱ. ①唐… Ⅲ. ①桥—建筑艺术史—世界 Ⅳ. ① U44-09

中国版本图书馆 CIP 数据核字（2017）第 267110 号

总 策 划：安　东　高立志　　策划编辑：王忠波
责任编辑：王忠波　　责任校对：张玉侠
责任印制：陈冬梅　　装帧设计：李　高

·大家艺述·
桥之魅
如何欣赏一座桥
QIAOZHIMEI
唐寰澄　著

出　　版　北京出版集团
　　　　　北京出版社
地　　址　北京北三环中路 6 号
邮　　编　100120
网　　址　www.bph.com.cn
总 发 行　北京出版集团
印　　刷　北京华联印刷有限公司
经　　销　新华书店
开　　本　880 毫米 ×1230 毫米　1/32
印　　张　6.375
字　　数　150 千字
版　　次　2021 年 11 月第 1 版
印　　次　2021 年 11 月第 1 次印刷
书　　号　ISBN 978-7-200-13489-6
定　　价　88.00 元